# उर्दू के मशहूर शायर
# मोमिन ख़ां 'मोमिन'
## और उनकी चुनिंदा शायरी

**सम्पादक**

नरेंद्र गोविंद बहल

डायमंड बुक्स

www.diamondbook.in

प्रकाशक     :    **डायमंड पॉकेट बुक्स (प्रा.) लि.**

X-30 ओखला इंडस्ट्रियल एरिया, फेज-II

नई दिल्ली- 110020

फोन       :    011-40712200

ई-मेल    :    sales@dpb.in

वेबसाइट  :    www.diamondbook.in

---

**Urdu Ke Mashhoor Shayar Momin Khan Aur Unki Chuninda Shayari**

Ed. By - *Narender Govind Behl*

# दो शब्द

उर्दू के मशहूर शायर हकीम मोमिन ख़ां 'मोमिन' मुगलकाल के आखिरी दौर के शायर थे। इसके अलावा 'मोमिन ' मिर्ज़ा ग़ालिब और जौक़ के समकालीन भी रहे। उन दिनों मोमिन बहादुर शाह ज़फर के मुशायरों में शामिल होने लाल किले भी जाते थे। आज भी मोमिन का नाम अत्यंत भावुक और संवेदनशील शायरों में लिया जाता है।

'मोमिन' का जन्म सन् 1800 में दिल्ली के दरिया गंज इलाके में हुआ था। घर में इनका नाम हबीब उल्लाह रखा गया लेकिन पिता की शाह अब्दुल अज़ीज़ के प्रति अपार श्रद्धा के कारण और उनके कहने पर ही इनका नाम 'मोमिन' रख दिया गया। 'मोमिन' ख़ां की प्रारम्भिक शिक्षा अरबी में हुई थी। शाह अब्दुल क़ादिर ख़ां की देख-रेख में ही मोमिन ने अपनी शिक्षा हासिल की। वह कुशाग्र बुद्धि के बालक थे और उनकी स्मरण शक्ति बहुत ही तेज़ थी। उनके दादा हकीम नामदार ख़ां कश्मीर के रहने वाले थे, जो मुग़ल शासन के अन्तिम दौर में अपने भाई हकीम कामदार ख़ां के साथ दिल्ली आ गये थे और दरबारी हकीम बन गये थे। 'मोमिन' ख़ां को हकीमी विरासत मिली थी। इसलिए उन्होंने जवानी में क़दम रखते ही अपने पिता से हिकमत की शिक्षा लेना शुरू कर दी। 'मोमिन' के चाचा भी हकीम थे और वे भी उन्हें अपने नुस्ख़ों से बताते रहते थे। इसलिए मोमिन भी दिल्ली के मशहूर हकीम कहलाए।

'मोमिन' को बचपन से ही शे'रो शायरी का शौक़ था। जवानी में यह जुनून की हद तक जा पहुंचा था। उनका आशिकाना मिज़ाज उनकी शायरी में भी झलकता था। आमतौर पर उनकी पूरी शायरी श्रृंगार रस से भरी हुई है। यही कारण है कि इश्क मोहब्बत की रचनाओं को लिखते समय उपमाओं और अलंकारों के ऐसे मोती पिरोते थे कि रचनाएँ सीधा दिल को छू जाती थी। वह अक्सर मुशायरों में गाकर अपनी रचनाओं को सुनाते थे आमतौर पर उनकी पूरी शायरी श्रृंगार रस से भरी हुई है। शुरुआत में उन्होंने शाह नसीर को अपना उस्ताद बनाया परन्तु बाद में वह अपने

कलाम को खुद ही ठीक करने लगे। शायद इसके बाद उनका कोई उस्ताद नहीं हुआ। अपने इसी फ़न के कारण उनका नाम देश के नामी शायरों में शामिल हो गया। 'मोमिन' की शायरी बहुत उच्च स्तर की है। उनकी भाषा में कुछ ऐसे गुण विद्यमान हैं, जो उनके प्रत्येक शे'र में दिखाई देते हैं। आज भी उनके कई शे'र मुहावरों में रूप में प्रयोग किए जाते हैं। मोमिन श्रृंगार रस के महारथी शायर थे। इस मामले में आज के दौर में भी कोई उनका सानी नहीं।

हकीमी के अलावा 'मोमिन' एक महान ज्योतिषी भी थे। उनके ज्योतिष ज्ञान का पता उनकी इस भविष्यवाणी से हो जाता है। उन्होंने अपनी मृत्यु की भविष्यवाणी खुद की थी। उन्होंने बताया कि अब से पांच दिन, पांच हफ़्ते, पांच महीने अथवा पांच साल बाद मैं यहाँ से चला जाऊँगा और ऐसा ही हुआ। इस भविष्यवाणी करने के ठीक पांच महीने बाद ही आपकी मृत्यु हो गई। ज्योतिषी होने के अलावा 'मोमिन' शतरंज के एक बहुत उम्दा खिलाड़ी भी थे। तत्कालीन दिल्ली में उनका नाम कुछ नामवर खिलाड़ियों में गिना जाता था। खेलने बैठते थे, तो दीन-दुनिया को भूल जाते थे।

शायद मोमिन जानते थे कि जन्नत जाने पर उनका क्या हाल होगा, इसलिए उन्होंने लिखा :


"मुझे जन्नत में वह सनम न मिला
हश्र और एक बार होना था"


सम्पादक

नरेंद्र गोविन्द बहल

narendergovindbehl@gmail.com

# प्रकाशकीय

नरेन्द्र गोविन्द बहल उर्दू और हिन्दी कविता में गहन रुचि रखते है जिसके कारण उन्होंने अधिकतर मुशायरों व कवि सम्मेलनों में शिरकत की थी, इन्हीं आयोजनों की वजह से उन्हें साहित्य लेखन का भी शौक पैदा हुआ। लेखक की विभिन्न विषयों पर अब तक 60 से अधिक पुस्तकें प्रकाशित हो चुकी हैं। लालकिले में होने वाले कवि सम्मेलन और मुशायरों से कविता-शायरी के प्रति प्रेम बढ़ा और वहीं से उन्होंने उन्हें कविता लिखना भी प्रारंभ कर दिया था। कविता, गीत, गजल, शायरी को समझने के लिए उर्दू के मशहूर शायरों के जीवन के बारे में जानने के लिए उर्दू भाषा सीखी।

जब लेखक साहिर लुधियानवी, कैफ़ी आज़मी, जान-ए-सार अख़्तर, अली सदार जाफरी, मजाज, नरेश कुमार 'शाद' आदि शायरों से मिले तो उनका पाठकीय दृष्टिकोण बदलने लगा और उन्होंने गालिब, फैज़, जफ़र, दाग आदि रचनाकारों को भी पढ़ना शुरू किया। इन शायरों को पढ़ते हुए लेखक के मन में एक उत्साह पैदा हुआ कि इन शायरों की पुस्तकें संपादित की जाएं। यह पुस्तक भी इसी उत्साह का नतीजा है।

डायमंड बुक्स प्रस्तुत करता है उर्दू के मशहूर शायर और उनकी चुनिंदा शायरी। इस सीरीज़ में नये पुराने शायरों की प्रसिद्ध एवं चुनिंदा शायरी का संकलन प्रकाशित किया है। इस सीरीज की प्रमुख पुस्तकें इस प्रकार हैं :-

| | | |
|---|---|---|
| फ़ैज़ | ग़ालिब | निदा फाजली |
| क़तील शिफ़ाई | अख़्तर शीरानी | बशीर बद्र |
| जोश मलिहाबादी | ज़ौक़ | बेकल उत्साही |
| शक़ील बदायूंनी | अकबर इलाहाबादी | परवीन शाकिर |
| मीर | नज़ीर अकबराबादी | कैफ़ी आज़मी |
| मोमिन ख़ां 'मोमिन' | फ़िराक़ गोरखपुरी | जॉ निसार अख़्तर |
| साहिर लुधियानवी | इफ़्तिख़ार आरिफ़ | अली काज़मी |
| मजाज़ | मजरुह सुल्तानपुरी | कुँअर बेचैन |
| इक़बाल | अहमद फराज | माणिक वर्मा |
| ज़फ़र | दर्द | अली सरदार जाफरी |
| दाग़ | नरेश कुमार शाद | मिर्ज़ां रफ़ी 'सौदा' |
| अदा जाफरी | मुश्ताक अहमद | असग़ार गोंडवी |
| शाहिद मीर | मंज़ूर हाशमी | चमन लाल चमन |
| मुज़फ़्फ़र वारसी | निश्तर ख़ानक़ाही | राम अवतार बैरवा |
| वसीम बरेलवी | हरिराज सिंह नूर | रामदरश मिश्र |
| आलम खुर्शीद | अमजद इस्लाम अमजद | महताब हैदर नक़वी |
| शहरयार | | |

**मनीष वर्मा**

**manish@dpb.in**

**(5)**

मांगा करेंगे अब से दुआ हिज्रे-यार[1] की
आख़िर तो दुश्मनी है, असर को दुआ के साथ

दिल के लेने तक है बस, आपकी ख़रीदारी
क्यों करें वो सौदा हम जिसमें हो ज़ियां[2] अपना

एक-एक अदा, सौ-सौ देती है जवाब उसके
क्योंकर लबे-क़ासिद[3] से पैग़ाम अदा होता

वह आए बहरे-अयादत तो मैं था शादि-ए-मर्ग
किसी से चारा-ए-बेदादे-आसमां न हुआ

छोड़ा न दिल में कुछ भी तपे-हिज्र ने कि रात
रोते थे ज़ार-ज़ार[4] और आंखों में नम न था

ख़ारो-ख़स में गुलशन के, बू-ए-गुल जो आती थी
रश्क[5] से किया बरबाद, आप आशियां[6] अपना

हाथ उठाए किसके दिल से किसके सीने पर धरे
हाथ से अग़ियार[7] का भी, तो चला जाता है दिल

---

1. प्रेमिका का वियोग, 2. नुक़सान, 3. पत्रवाहक के होंठ, 4. फूट-फूटकर, 5. ईर्ष्या, 6. घर, घोंसला, 7. शत्रु।

**(6)**

किसी के ज़ुल्फ़े-पेचीदा के क्या सौदे में बिकते हैं
किया करते हैं क्या-क्या पेच की तक़रीर अक्सर हम

ऐ चारागरो[1], क़ाबिले-दरमां[2] नहीं यह दर्द
वरना मुझे सौदा है कि मैं कुछ नहीं कहता

कुछ क़ैस[3] और मैं ही नहीं, सबके सब मरे
अच्छा तो दर्दे-इश्क़[4] का बीमार कम हुआ

नासेह[5] दिल में तू इतना तो समझ अपने कि हम
लाख नादां हुए, क्या तुझसे भी नादां होंगे

वह नहीं आते न आएं, मर्ग[6] ज़ालिम तू तो आ
यां लबे-शौक़ो-तमन्ना, मरहबा[7] कहने को है

रोज़ का बिगाड़, आख़िर जान पर बना देगा
उनको शौक़े-आराइश[8], दिल है बदगुमां अपना

जन्नत की हवस वाइज़[9] बेजा है कि आशिक़ हूं
हां शे'र में जी लगता, गर दिल न लगा होता

---

1. उपचारको, 2. उपचार के योग्य, 3. मजनूं, 4. प्रेम का दर्द, 5. उपदेशक, 6. मृत्यु, 7. वाह-वाह, 8. श्रृंगार की इच्छा, 9. उपदेशक।

## (7)

दाग़े-जुनूं[1] औ संगे-दरे-यार हो नसीब
करता है रात-दिन हवस-ए-ताजो-तख़्त दिल

वह सितमगर[2] दिलबरे-आलम इधर आता है अब
क्या बनेगी देखिए, रहता है या जाता है दिल

हिज्र की शब[3] और यादे-ज़ुल्फ़ ने लूटा मुझे
जी वह आकर ले गई और दिल यह आकर ले गई

तेरे परदे ने की ये परदारी
तेरे छिपते ही कुछ छिपा न रहा

दामने-क़ातिल[4] को, वक़्ते-क़त्ल क्योंकर छोड़ते
बेकसी में जान थी, अपने कफ़न की फ़िक्र में

नूहे-आसमां का रुख़ फेर दूं, जिधर चाहूं
दिया है क्या तपिशे-दिल ने इख़्तियार[5] मुझे

ग़ैर के हमराह वह आता है, मैं हैरान हूं
किसके इस्तक़बाल[6] को, जी तन के मेरा जाए है

---

1. पागलपन की स्थिति, 2. अत्याचारी, 3. रात, 4. हत्यारे का दामन, 5. अधिकार, 6. स्वागत।

## (8)

ख़ुदा की याद दिलाते थे नज़अ[1] में अहबाब[2]
हज़ार शुक्र कि उस दम वह बदगुमां[3] न हुआ

मय न उतरी गले से जो उस बिन
मुझको यारों ने पारसा[4] जाना

आहे-सहर[5] हमारी फ़लक[6] से फिरी न हो
कैसी हवा चली ये कि जी सनसना गया

किया तुमने क़त्ले-जहां इक नज़र में
किसी ने न देखा तमाशा किसी का

दिल में नासेह[7] आए, क्या अपना ख़याल
जा सके कब यार के मस्कन[8] में हम

किए हैं तूल अमल ने तमाम काम ख़राब
हमेशा नज्मे-जहां के हैं कार-बार मुझे

वह लाला-रूह-फ़ज़ा दे कहां तलक बोसे
कि जो है, कम है, यहां शौक़े-जां-फ़िशां[9] के लिए

---

1. मौत के समय सांस टूटना, 2. मित्र, 3. भ्रमित, 4. सदाचारी, 5. प्रातःकाल का क्रंदन, 6. आकाश, 7. उपदेशक, 8. निवास स्थान, 9. कठिन परिश्रम की इच्छा।

# (9)

अगर ज़ंजीरकश[1] सू ए बयाबां[2] अपनी वहशत हो
तो पा ए क़ैस[3] का हर एक छाला चश्मे हैरत हो

किसी के अब्रू ए ख़ुश ख़म[4] का कुश्ता[5] हूं तअज्जुब क्या
जो मेरी ख़ाक से तामीर महराबे इबादत[6] हो

समझता ख़ूब हूं मैं इस बनावट को, लगावट को
क़सम खा जाऊंगा गर तेरे दिल में कुछ मुहब्बत हो

हुए बेख़्वाब[7] आहे नीम शब से, तो लगे कहने
कि सोतों को जगा देते हो तुम भी क्या क़यामत हो

जला जाता हूं सोज़े रश्क[8] से मानिन्दे परवाना
जला मत और को तू गरचे मेरी शम्ए तुर्बत[9] हो

अदू[10] से बज़्म में होती रही चश्मकज़नी[11] क्या-क्या
न देखा हाल मेरा तुम भी कितने बेमुरव्वत हो

बजाये सब्ज़ा निकले ख़ाक से मेरी ज़बां ज़ालिम
दिले नाला[12] पसे मुर्दन[13] जो सरगर्मे शिकायत हो

---

1. ज़ंजीर खींचना 2. जंगल की ओर 3. क़ैस का पांव 4. टेढ़ी भौं 5. मारा हुआ 6. प्रार्थना करने के लिए झुकना 7. जागना 8. ईर्ष्या 9. क़ब्र का दीपक 10. शत्रु 11. रोता हुआ दिल 12. मरने के बाद 13. शिकायत में व्यस्त।

## (10)

अज़ल जां ब लब[1] उसके शेवन[2] से है
ये नादिम[3] मेरे ज़ूद कुश्तन[4] से है।

वो बदख़्वाह[5] मुझ-सा तो मेरा नहीं
अबस दोस्ती तुमको दुश्मन से है

मेरे दाग़ याद आये गुल देखकर
कि बेज़ार[6] वो सैरे गुलशन से है

जलाने से भी तेरे शाकिर[7] हूं मैं
गिला[8] नाला ए आतिश अफ़्ग़न[9] से है

शबे ग़म मुए शम्अ को देखकर
हमें ख़िज्लत[10] उस शोख़ बदज़न[11] से है

मेरा ख़ून क्या बाद गर्दन हुआ
कि बेताब वो दर्दे गर्दन से है

जहां ख़ाक उड़ायी, वहीं दब रहे
कदूरत[12] अबस फ़िक्रे मदफ़न[13] से है

नयी कुछ नहीं अपनी जांबाज़ियां[14]
यही खेल हमको लड़कपन से है

---

1. मरने के निकट 2. व्यवहार 3. लज्जित 4. जल्दी मरना 5. बुरा चाहने वाला 6. ऊबे हुए 7. धन्यवाद देने वाला 8. शिकायत 9. आग बरसाने वाला रुदन 10. शर्मिन्दगी 11. चंचल और सन्देह करने वाली प्रेमिका 12. कपट 13. क़ब्र की चिन्ता 14. बहादुरी।

## (11)

अज़ल से ख़ुश हूं किसी तरह हो, विसाल तो है
न आये ना'श पर वो, पर एहतिमाल[1] तो है

हिना के रश्क[2] से क्योंकर न आये जोश में ख़ूं
किसी सबब से हो, पर वो भी पाएमाल[3] तो है

ज़रा थम ऐ दिले मुज़्तर[4] कि फ़िक्रे वस्ल[5] करूं
शबे क़लक़[6] न सही, ख़्वाब भी ख़याल तो है

कहां तलक गिला हाए तग़ाफुले क़ातिल[7]
हम आप काट लें आख़िर ये सर वबाल[8] तो है

जफ़ा ए यार को सौंपा मुआमला अपना
अब आगे हो न हो उम्मीदे इन्फ़िसाल[9] तो है

वो इज़्तिराब[10] कहां ज़ोफ़[11] से मगर अब भी
हो आऊ हज़्रते ईसा तक इतना हाल तो है

शबे फ़िराक़ में भी ज़िन्दगी पे मरता हूं
कि गो ख़ुशी नहीं मरने की, पर मलाल तो है

अबस[12] तरक़्क़ि ए फ़न[13] की हवस है 'मोमिन' को
ज़्यादा होयेगा क्या इससे, बेमिसाल[14] तो है

---

1. शंका 2. मेहंदी की ईर्ष्या 3. बरबाद 4. बेचैन दिल 5. मिलने की चिन्ता 6. दुःख की रात्रि
7. प्रेमिका की लापरवाही की शिकायत 8. परेशानी 9. निर्णय की आशा 10. बेचैनी 11.
कमज़ोरी 12. व्यर्थ 13. कला की उन्नति 14. अद्वितीय।

## (12)

अब और से लौ लगायेंगे हम
जूं शम्अ तुझे जलायेंगे हम

बरबाद न जायेगी कदूरत[1]
क्या-क्या तेरी ख़ाक उड़ायेंगे हम

दिल दे के एक और लाला रू[2] को
हर दाग़ पे दाग़ खायेंगे हम

गर तेरी तरफ़ को बेक़रारी
खींचेगी, तो लौट जायेंगे हम

गर देख के हंस दिया हमें तो
मुंह फेर के मुसकुरायेंगे हम

आता है गिले[3] से ध्यान तेरे
ख़ातिर[4] में सितम न लायेंगे हम

बुतख़ाना ए चीं[5] हो गो तेरा घर
'मोमिन' हैं तो फिर न आयेंगे हम

---

1. गन्दगी 2. सुन्दरी 3. शिकायत 4. हृदय 5. चीन की मूर्तियों का स्थान।

**(13)**

कब छोड़ते हैं उस सितम ईजाद के क़दम
सर है हमारा और हैं जल्लाद के क़दम

अब तक गया न बाग़ में तू बहरे इन्तिज़ार[1]
सुन हो गये खड़े-खड़े शमशाद[2] के क़दम

ऐ हमदमाने बाग़[3] रिहा[4] हूं ये क्या करूं
उठता नहीं है कूचे से सैयाद के क़दम

सर पर ये कोह ग़म गर उठाता, तो बोझ से
धंस जाते बेसतून[5] में फ़रहाद के क़दम

ख़्वाबे अदम[6] हराम है यां इन्तिज़ार में
क्या सो गये अजल[7] तेरी बेदाद के क़दम

क्या होवे दिल पे हाथ धरे से मगर रखे
सीने पे वो ही आशिक़े नाशाद[9] के क़दम

---

1. प्रतीक्षा के लिए 2. एक वृक्ष का नाम 3. बाग़ के साथी 4. छुटकारा 5. एक पहाड़ का नाम
6. मौत की नींद 7. मौत 8. अत्याचार 9. दुखी प्रेमी।

**(14)**

आंखों से हया[1] टपके है अन्दाज़[2] तो देखो
है बुलहवसों पर भी सितम नाज़ तो देखो

उस बुत के लिए मैं हवसे हूर[3] से गुज़रा
इस इश्क़ ख़ुश अंजाम[4] का आग़ाज़[5] तो देखो

मजलिस में मेरे ज़िक्र के आते ही उठे वो
बदनामि ए उश्शाक़[6] का एज़ाज़[7] तो देखो

उस ग़ैरते नाहीद[8] की हर तान है दीपक
शोला-सा चमक जाये है आवाज़ तो देखो

जन्नत में भी 'मोमिन' न मिला हाय बुतों से
जौरे अजले तफ़क़्क़ा परवाज़[9] तो देखो

---

1. लज्जा 2. ढंग 3. परी की इच्छा 4. अच्छे परिणाम वाला प्रेम 5. आरम्भ 6. प्रेमियों की बदनामी 7. चमत्कार 8. नाहैद-जैसे गवैये को लज्जित करने वाला 9. उड़ान

**(15)**

आज उस बज़्म[1] में तूफ़ान उठा के उठे
यां तलक रोये कि उसको भी रुला के उठे

दिल से क्योंकर न धुआं साथ हवा के उठे
शोला हाए तपे ग़म[2] सीना जला के उठे

गर न हो दिल में ख़याले निगहे ख़्वाब आलूद[3]
दर्द क्या-क्या असर ख़ुफ़्ता[4] जगा के उठे

शमा के चोर का महफ़िल में जो मज़्कूर हुआ
दिल चुरा बैठे थे अब आंख चुरा के उठे

गो कि हम सफ़्हा ए हस्ती[5] पे थे इक हर्फ़े ग़लत[6]
लेक[7] उठे भी तो इक नक़्श[8] बिठा के उठे

उफ़ रे गर्मि ए मुहब्बत[9] कि तेरे सोख़्ता जां[10]
जिस जगह बैठ गये आग लगा के उठे

मैं दिखाता तुम्हें तासीर मगर हाथ मेरे
ज़ोफ़[11] के हाथ से कब वक़्त दुआ के उठे

---

1. सभा 2. दुःखरूपी आग की लपटें 3. नींद से भरी हुई आंखों का ख़याल 4. सोया हुआ प्रभाव 5. जीवन के पृष्ठों पर 6. अशुद्ध अक्षर 7. लेकिन 8. चिन्ह 9. प्रेम का उत्साह 10. दिलजले 11. बुढ़ापा।

**(16)**

आये हो जब, बढ़ाकर दिल की जलन गये हो
जूं सोज़े दिल[1] कहा है, तुम आग बन गये हो

रूठे सो रूठे हमसे मनते नहीं हो क्योंकर
ग़ैरों से जब लड़े हो, लड़ते ही मन गये हो

बादे बहार[2] में है कुछ और इत्र रेज़ी[3]
तुम आजकल में शायद सू ए चमन[4] गये हो

क्या हाल है अदम[5] का कहला तो भेजियो तुम
ऐ ख़ूगराने गुर्बत[6] सू ए वतन गये हो

है कुछ तो बात 'मोमिन' जो छा गयी ख़मोशी
किस बुत को दे दिया दिल, क्यों बुत-से बन गये हो

---

1. दिल की जलन की भांति 2. वसन्त ऋतु 3. सुगन्ध बरसाना 4. बाग़ की ओर 5. परलोक
6. परदेश में रहने वाली।

## (17)

इम्तिहां के लिए जफ़ा कब तक
इल्तिफ़ाते सितम नुमा[1] कब तक

जुर्म मालूम है ज़ुलेख़ा[2] का
ताना ए दस्ते नारसा[3] कब तक

ले शबे वस्ल ग़ैर[4] भी काटी
तू मुझे आज़मायेगा कब तक

तुमको ख़ू[5] हो गयी बुराई की
दरगुज़र[6] कीजिये भला कब तक

मर चले अब तो उस सनम से मिलें
'मोमिन' अन्देशा ए ख़ुदा[7] कब तक

---

1. अत्याचार के साथ-साथ मेहरबानी 2. एक प्रेमिका का नाम 3. न पहुंचने वाले हाथ का उलाहना 4. दूसरों की मिलन रात्रि 5. आदत 6. भूल जाना 7. ईश्वर का भय।

## (18)

इश्क़ ने यूं किया ख़राब हमें
कि है अपने से इज्तिनांब[1] हमें

बस कि परदानशीं पे मरते हैं
मौत से आये है हिजाब[2] हमें

क़ैसी हैरत से ऐ सुबुकरूही[3]
देखे है दीदा ए हुबाब[4] हमें

शबे फ़ुर्क़त[5] में ख़ाक झपके आंख
याद है चश्मे नीमख़्वाब हमें

किसकी जुल्फ़ों की बू[7] नसीम में थी
है बला[8] आज पेच ओ ताब[9] हमें

अब कोई क्या करे इलाज अफ़सोस
मौत ने भी दिया जवाब हमें

---

1. घृणा 2. शर्म 3. सम्बन्धहीनता 4. बुलबुले की आंख 5. विरह रात्रि 6. अधखुली आंखें 7. सुगन्ध 8. मुसीबत 9. उलट-फेर।

**(19)**

उलझे न जुल्फ़ से जो परेशानियों में हम
करते हैं इस पे नाज़ अदादानियों[1] में हम

सरगर्म रक्स ताज़ा[2] हैं क़ुर्बानियों में हम
सुर्ख़ी से किसकी आये हैं जौलानियों[3] में हम

साबित है जुर्मे शिकवा[4] न ज़ाहिर गुनाहे रश्क[5]
हैरां हैं आप, अपनी पशेमानियों में हम

मारे ख़ुशी के मर गये सुबहे शबे फ़िराक़[6]
कितने सुबुक हुए हैं गिरांजानियों[7] में हम

आता है ख़्वाब में भी तेरी जुल्फ़ का ख़याल
बे तौर घिर गये हैं परेशानियों में हम

देखा इधर को तूने कि बस दम निकल गया
उतरे नज़र से अपनी निगहबानियों[8] में हम

---

1. अदा को पहचानने वाले 2. उल्लास में व्यस्त 3. उत्साह 4. शिकायतों का अपराध 5. ईर्ष्या का अपराध 6. विरह की रात का सवेरा 7. मुसीबतें 8. देख-रेख।

**(20)**

उस परीवश से लगाते हैं मुझे
लोग दीवाना बनाते हैं मुझे

या रब[1] उनका भी जनाज़ा[2] उठे
यार उस कू[3] से उठाते हैं मुझे

अबरूए तेग़[4] से ईमां[5] है कि आ
क़त्ल करने को बुलाते हैं मुझे

बेवफ़ाई का अद्दू[6] की है गिला[7]
लुत्फ़[8] में भी वो सताते हैं मुझे

हैरते हुस्न[9] से ये शक्ल बनी
कि वो आईना दिखाते हैं मुझे

फूंक दे आतिशे दिल[10] दाग़ मेरे
उसकी ख़ू[11] याद दिलाते हैं मुझे

गर कहे ग़मज़ा[12] किसे क़त्ल करूं
तो इशारत से बताते हैं मुझे

---


1. हे परमात्मा 2. लाश 3. गली 4. भौंरूपी तलवार 5. इशारा 6. शत्रु 7. शिकायत 8. कृपा
9. आश्चर्यचकित करने वाला सौन्दर्य 10. दिल की आग 11. आदत 12. नख़रे।

**(21)**

एजाज़े जां वही है हमारे कलाम को
ज़िन्दा किया है हमने मसीहा के नाम को

गो आपने जवाब बुरा ही दिया वले
मुझसे बयां न कीजे अदू के पयाम को

यां वस्ल है तलाफ़ी ए हिज्रां[1] में ऐ फ़लक[2]
क्यों सोचता है ताज़ा सितम इन्तेक़ाम को

तेरे समन्दे नाज़[3] की बेजा शरारतें
करते हैं आग नाला ए अन्देशागाम[4] को

गिरिया[5] पे मेरे ज़िन्दादिलो[6] हंसते क्या हो आह
रोता हूं अपने में दिले जन्नत मक़ाम को

सह-सह के नादुरुस्त[7] तेरी ख़ू[8] बिगाड़ दी
हमने ख़राब आप किया अपने काम को

उस से जला के ग़ैर को उम्मीदे पुख़्तगी[9]
लग जाये आग दिल के ख़यालात ख़ाम[10] को

जब तू चले जनाज़ा ए आशिक़[11] के साथ-साथ
फिर कौन वारिसों[12] की सुने अज़्न आम[13] को

शायद कि दिन फिरे हैं किसी तैरा रोज़[14] के
अब ग़ैर उस गली में नहीं फिरते शाम को

---

1. विरह की पूर्ति 2. आकाश 3. नख़रेरूपी घोड़े 4. भयंकारी रुदन 5. आंसू 6. मस्त लोग 7. असह्य 8. आदत 9. पक्का होने की आशा 10. कच्चे विचार 11. प्रेमी की लाश 12. उत्तराधिकारी 13. रोना-चिल्लाना 14. अभागा।

**(22)**

ऐ अजल[1] काश[2] उलट जायें शबे हिज्रां[3] में
वो दुआएं कि तेरी जान को हम करते हैं

दम[4] में मत आइयो ऐ ग़ैर की मानिन्द सबा[5]
जिससे लग चलते हैं, वो उससे ही रम[6] करते हैं

हाय क़िस्मत की हुई मुझ पे जफ़ा[7] और फ़ज़ूँ[8]
इन दिनों ग़ैर पे गर लुत्फ़[9] वो कम करते हैं

क्या ही बेज़ार[10] है इस ज़ीस्त[11] से जी हाय सितम
क़त्ल करते नहीं, वो और सितम करते हैं

आबरू रह गयी मरने की कि रोते तो हैं वोअश्क
शादी[12] ही से गो[13] चशम को नम करते हैं

---

1. मृत्यु 2. क्या ही अच्छा हो 3. विरह की रात 4. जाल 5. प्रातःकाल की हवा 6. घृणा 7. अत्याचार 8. अधिक 9. कृपा 10. परेशान 11. ज़िन्दगी 12. ख़ुशी के आंसू 13. यद्यपि।

## (23)

क़यामत मरते दम आयी फ़ुग़ां से
जहां लेकर चले हैं हम जहां से

रही शब की-सी बेताबी तो हर रोज़
चुरायेंगे हम आंखें पासबां[1] से

वो आया ख़ाक पर तो भी न उड़े
हुए हम क्या सुबुक[2] ख़्वाबे गरां[3] से

मेरा बचना बुरा है, आपने क्यों
अयादत[4] की लबे मोजिज़ बयां[5] से

मिले दुश्मन से क्योंकर बेहिजाब[6] आप
न शर्म आयी मेरे शौक़े निहां[7] से

मेरे घर आप यूं जाते थे किस दिन
उठाना मुद्आ[8] है आस्तां[9] से

वो आये हैं पशेमां[10] लाश पर अब
तुझे ऐ ज़िन्दगी लाऊं कहां से

गर अपने वहम[11] ही से उसने पूछा
मेरा अहवाल मेरे राज़दां[12] से

न बोलूंगा, न बोलूंगा कि मैं हूं
ज़्यादा बदगुमां[13] उस बदगुमां से

---

1. चौकीदार 2. हलका 3. गहरी नींद 4. बीमार का हाल पूछना 5. चमत्कार करने वाले होठ
6. बे परदा 7. छुपा हुआ शौक़ 8. अभिप्राय 9. चौखट 10. लज्जित 11. भूल 12. भेद जानने
वाला 13. भ्रमित।

**(24)**

करता है क़त्ले आम वो अग्यार के लिए
दस-बीस रोज़ मरते हैं दो-चार के लिए

देखा अज़ाब[1] रंजे दिले ज़ार[2] के लिए
आशिक़ हुए हैं वो मेरे आज़ार के लिए

दिल, इश्क़ तेरे नज़्र[3] किया जान क्योंकि दूं
रक्खा है उसको हसरते दीदार[4] के लिए

क़त्ल उसने जुर्मे सब्र जफ़ा[5] पर किया मुझे
ये ही सज़ा थी ऐसे गुनहगार के लिए

ले तू ही भेज दे कोई पैग़ामे तल्ख़[6] अब
तज्वीज़[7] ज़हर है तेरे बीमार के लिए

आता नहीं है तू तो निशानी ही भेज दे
तस्कीने इज़्तिराब[8] दिले ज़ार के लिए

---

1. कष्ट 2. दुखी दिल का दर्द 3. भेंट 4. दर्शन की इच्छा 5. अत्याचार सहन करने का अपराध
6. कड़वा सन्देश 7. सलाह 8. बेचैनी को सन्तोष देने के लिए।

**(25)**

कल देख के वो इज़ार[1] आतिश[2]
क्या-क्या ही जली है यार आतिश

झोंका तपे ग़म ने जी को निकले
दिल के तेरे अब बुख़ार आतिश

हां सैर दिखाएगा कहीं तो
ऐ नाला ए शोला बार[3] आतिश

उफ़ री! तपे गरमि-ए-मुहब्बत[4]
इस नाम पे जांनिसार[5] आतिश

दिल को मेरे पूजे जिब्र[6] जिसकी
सजदे करे[7] बार-बार आतिश

तूने तो वां लगायी मेहंदी
यां दिल में लगी निगार[8] आतिश

देखे है तो और लगी है - दिल में
ऐ दीदा ए अश्कबार[9] आतिश

पढ़ता है कहीं ग़ज़ल जो 'मोमिन'
लग उठती है एक बार आतिश

---

1. गाल 2. आग 3. आग बरसाने वाला 4. प्रेम की गरमी की जलन 5. न्योछावर 6. पुस्तक
7. सिर झुकाना 8. सुन्दरी 9. आंसू बहाने वाली आंखें।

**(26)**

कहते हैं तुमको होश नहीं इज़्तिराब में
सारे गिले तमाम हुए इक जवाब में

हम कुछ तो बद[1] थे जब न किया यार ने पसन्द
ऐ हसरत इस क़दर ग़लती इन्तिख़ाब[2] में

रहते हैं जमा[3] कूच ए जाना[4] में ख़ास ओ आम[5]
आबाद एक घर है जहाने ख़राब[6] में

आंख उसकी फिर गयी थी, दिल अपना भी फिर गया
ये और इन्क़िलाब हुआ इन्क़िलाब में

बदनाम मेरे गिरिया ए रुस्वा[7] से हो चुके
अब उज़्र[8] क्या रहा निगहे बे हिजाब[9] में

मतलब की जुस्तजू[10] ने ये क्या हाल कर दिया
हसरत भी अब नहीं दिले नाकामयाब में

नाकामियों से काम रहा उम्र भर हमें
पीरी में यास[11] है जो हवस[12] थी शबाब में

तक़दीर भी बुरी मेरी तक़रीर[13] भी बुरी
बिगड़े वो पुर्सिशे सबबे इज़्तिनाब[14] में

पैहम[15] सजूद[16] पा ए सनम[17] पर दमे विदा
'मोमिन' ख़ुदा को भूल गये इज़्तिराब में

---

1. बुरे 2. चुनाव 3. इकट्ठा 4. प्रेमिका की गली 5. प्रत्येक व्यक्ति 6. बुरा संसार 7. बदनाम आंसू 8. बहाना 9. बेशर्म दृष्टि 10. खोज 11. निराशा 12. वासना 13. उपाय 14. घृणा का कारण पूछना 15. निरन्तर 16. सिर झुकाना 17. प्रेमिका के पांव।

## (27)

क़हर[1] है, मौत है, क़ज़ा[2] है इश्क़
सच तो ये है बुरी बला है इश्क़

असरे ग़म[3] ज़रा बता देना
वो बहुत पूछते हैं क्या है इश्क़

आफ़ते जां है कोई परदानशीं
कि मेरे दिल में आ छुपा है इश्क़

वस्ल में एहतिमाल[4] शादि ए मर्ग[5]
चारागर[6] दर्द ए बे दवा है इश्क़

किस मलाहत सरिश्त[7] को चाहा
तल्खकामी[8] पे बामज़ा[9] है इश्क़

देखिये किस जगह डुबो देगा
मेरी कश्ती का नाख़ुदा[10] है इश्क़

अब तो दिल इश्क़ का मज़ा चक्खा
हम न कहते थे क्यों बुरा है इश्क़

आप मुझसे निबाहेंगे, सच है
बावफ़ा[11] हुस्न, बेवफ़ा है इश्क़

क़ैसो फ़रहाद ओ वामिक़ो 'मोमिन'[12]
मर गये सब ही क्या वबा[13] है इश्क़

---

1. प्रकोप 2. मौत 3. दुःख का प्रभाव 4. आशंका 5. मारे प्रसन्नता के मर जाना 6. चिकित्सक 7. सांवले सौन्दर्य वाला 8. असफलता 9. मज़ेदार 10. मल्लाह 11. ईमानदार 12. प्रेमियों के नाम 13. फैलने वाली बीमारी।

**(28)**

कहां नींद तुझ बिन मगर आये ग़श[1]
तो इक सूरते ख़्वाब[2] दिखलाये ग़श

तुम्हारी कदूरत[3] से होश आ गया
किया बू ए गुल[4] ने मदावा[5] ए ग़श

न ठहरे बस आईना को देखकर
वो इतना कि देखें तमाशा ए ग़श

क़यामत जुनूं में हूं नाज़ुक दिमाग़[6]
न क्यों नक्हते गुल[7] से आ जाये ग़श

तेरे बाल लाकर सुंघायें कहीं
कि ग़श हो ये चाराफ़र्मा[8] ए ग़श

न हो जब कि मेरा ख़याले वफ़ात[9]
तो क्या उस सितमगर[10] को परवा[11] ए ग़श

ख़बर लो मेरी तुम कहां तक रहे
ये हालत कि ग़श पर चला आये ग़श

ख़ुदाई का जलवा[12] है 'मोमिन' कि तू
गर उस बुत[13] को देखे, तो हो जाये ग़श

---

1. चक्कर 2. नींद-जैसी हालत 3. कपट 4. मिट्टी की गन्ध 5. उपचार 6. कोमल दिमाग़ 7. फूल की सुगन्ध 8. चिकित्सक 9. मरने का विचार 10. अत्याचारी 11. चिन्ता 12. दैवी प्रकाश 13. प्रेमिका।

## (29)

कहे है छेड़ने को मेरे गर सब हों मेरे बस में
न दूं मिलने किसी माशूक़ और आशिक़ को आपस में

तने काहीदा[1] से अपने मैं ख़ुश हूं इस तवक़्क़ो[2] पर
कि इक दिन आये तेरे सर्फ़[3] इशरत ख़ाना ए ख़स[4] में

न मैं अपना, न दिल अपना, न तुम मेरे, न जां मेरी
असर किस-किसको हो, होवे भी गर फ़रियाद बेकस में

कहूं गर ग़ैर से मत मिल, तो कहवे तान[5] से रुककर
ये क्यों, किस वास्ते हम ऐसे तेरे हो गये बस में

दरे बुतख़ाना[6] ओ इश्क़े बुतां[7] और आप ऐ 'मोमिन'
ये हज़रत आ गये एक बार क्या तब्बे मुक़द्दस[8] में

---

1. दुबला-पतला शरीर 2. आशा 3. ख़र्च 4. ख़स का बना हुआ आरामघर 5. अकड़ कर 6. सुन्दरियों के घर का दरवाज़ा 7. सुन्दरियों का प्रेम 8. पवित्र हृदय।

**(30)**

कुछ न सूझा हसरते दीदार[1] से
सहल छूटे मुर्दने दुश्वार[2] से

दाग़े ख़ूं[3] से मेरे वो हैरां हुआ
दामन उलझा है गुले बेख़ार[4] से

यूं कहे दर्द आया अपनी चीज़ का
हाले दिल गर पूछिये दिलदार से

हाय बख़्ते ख़ुफ़्ता[5] की यूं झपकी आंख
दुश्मनों के ताला ए बेदार[6] से

मुझसे वो छिपते फिरें इसके सिवा
और हासिल इश्क़ के इज़्हार[7] से

ज़हर टपके है निगाहे यार से
मौत सूझी नर्गिसे बीमार[8] से

क़त्ल होकर हम बचे आज़ार[9] से
उम्र के दिन कट गये तलवार से

जा बजा नहरें हैं जारी मैंने अश्क
पोंछे होंगे दामने कुहसार[10] से

लाग़री[11] से ज़िन्दगी मुश्किल हुई
है गिरां तर[12] जान जिस्मे ज़ार[13] से

---

1. मिलन की इच्छा 2. कठिन मौत 3. ख़ून का धब्बा 4. बिना कांटे का फूल 5. सोया हुआ
भाग्य 6. जागे हुए भाग्य 7. प्रकट करना 8. नर्गिस का फूल जो बीमार-सा लगता है 9. कष्ट
10. पहाड़ का किनारा 11. कमज़ोरी 12. बहुत भारी 13. कमज़ोर शरीर।

## (31)

क्या करूं, क्योंकर रुकू, नासेह रुका जाता है दिल
पेश[1] क्या चलती है उससे, जिस पे आ जाता है दिल

सोज़िशे परवाना[2] दिखलाते हो क्या, मैं क्या कहूँ
देख जलते शम्अ महफ़िल को जला जाता है दिल

या इलाही मुझको किस परदानशीं का ग़म लगा
सीने में अन्दर ही अन्दर कुछ घुला जाता है दिल

हैरते दीदार[3] बस, आईना रख दे हाथ से
अपनी हालत देखकर ज़ालिम कटा जाता है दिल

कोई सुनता ही नहीं, बकता है क्यों दीवानावार[4]
मेरे दिल के साथ नासेह का भी क्या जाता है दिल

---

1. सामने 2. पतंगे की जलन 3. देखकर चकित होना 4. पागलों की भांति।

**(32)**

क्या रम[1] न करोगे अगर इबराम[2] न होगा
इल्ज़ाम से हासिल बजुज़ इल्ज़ाम न होगा

मनक़ूश[3] दिले ख़ल्क़[4] है परहेज़ की ख़ूबी[5]
कितना ही करे ज़ुल्म वो बदनाम न होगा

ख़ू[6] हो गयी हिज्रां में तड़पने की शबे वस्ल
गो चैन हो उनको मुझे आराम न होगा

बुलबुल के-से नाले कि सबा की-सी करूं सई[7]
मेरा न हुआ है वो गुलअन्दाम[8] न होगा

वो मश्क़[9] रही और न वो शौक़ है 'मोमिन'
क्या शे'र कहेंगे अगर इल्हाम[10] न होगा

---

1. घृणा 2. ज़िद 3. चित्रित 4. लोगों के दिल 5. गुण 6. आदत 7. प्रयत्न 8. फूलों के समान सुन्दर 9. अभ्यास 10. ईश्वरीय प्रेरणा।

# (33)

ख़ाली हवा ए फ़ित्ना से गाहे जहां न हो
इस दम क़यामत आये, अगर आसमां न हो

तर कर दिया है अब्रे बहारी[1] ने इस क़दर
बिजली गिरे तो गर्म मेरा आशियां न हो

अब शौक़े वस्ल है, न गमे क़र्ब मुद्दई[2]
पामाल[3] हो चुका हूं अबस[4] सरगिरां[5] न हो

करनी न थीं बिगाड़ की बातें गिला[6] में हाय
कैसी बने जो दिल से वो नामेहरबाँ न हो

अज़्मे सफ़र[7] जहां से करूं क्या शबे फ़िराक़
मैं जानता हूं चैन कहां तू जहां न हो

इस शर्त पर जो लीजे तो हाज़िर है दिल अभी
रंजिश न हो, फ़रेब न हो, इम्तिहां न हो

लिखता हूं इसको बस्तगि ए दिल[8] का माजरा
आसूं रवां[9] न हों, तो सियाही रवां न हो

ये जामा[10] पारा-पारा[11] तड़पने से हो गया
सुब्हे शबे फ़िराक़[12] है, तू बदगुमां[13] न हो

'मोमिन' बहिश्त ओ इश्क़ हक़ीक़ी[14] तुम्हें नसीब
हमको तो रंज हो, जो गमे जाविदां[15] न हो

---

1. वसन्त ऋतु के बादल 2. वादी 3. नष्ट 4. व्यर्थ 5. क्रोधित 6. शिकायतें 7. यात्रा का इरादा
8. दिल लगाना 9. बहते हुए 10. कपड़ा 11. टुकड़े-टुकड़े 12. विरह की रात के बाद का
प्रातःकाल 13. सन्देह 14. सच्चा प्रेम और स्वर्ग 15. सदा का दुःख।

**(34)**

खिल चुकी नर्गिस कि शर्माई ही जाती है बहार
देखकर उसकी बहार आंखें चुराती है बहार

जल्वा ए लाला[1] रक़ीबों[2] को दिखाती है बहार
दाग़ खाने पर मेरे क्या दाग़ खाती है बहार

है ख़िजां में भी वही जोशे जुनूं क्या हो गया
अब कहीं पास अपने हमको ही बुलाती है बहार

जोशे गुल से याद आती हैं तेरी रंगीनियां
रंगे रफ़्ता[3] से मेरे क्या रंग लाती है बहार

दाग़ और ज़ख़्म इसमें हैं, जो लाला ओ गुल उसमें
हैं फ़स्ल है या आपके आशिक़ की छाती है बहार

मेरी ज़िद से ग़ैर पर तेरी इनायत देखकर
सब्ज़ा ए बेगाना[4] के कुर्बान जाती है बहार

इब्तिदा ए फ़स्ल[5] ही में ग़ैर भी खाते हैं गुल
देखिये इस साल क्या-क्या गुल खिलाती है बहार

चश्मे गुलशन पर क़दम रखता हुआ कौन आयेगा
इतरे फ़ित्ना में गुले नर्गिस बसाती है बहार

गुंचा हाये आरज़ूए 'मोमिन' अब खिलने को है
ख़ैरमक़्दम[6] गुलशने ईमां में आती है बहार

---

1. लाला के फूलों की चमक 2. शत्रुओं 3. उड़ा हुआ रंग 4. अपरिचित घास 5. फ़स्ल के आरम्भ में 6. स्वागत।

**(35)**

ख़ुशी न हो मुझे क्योंकर क़ज़ा[1] के आने की
ख़बर है लाश पे उस बेवफ़ा के आने की

समझ के और ही कुछ मर चला मैं ऐ नासेह
कहा जो तूने नहीं जान जा के आने की

चली है जान नहीं तो कोई निकालो राह
तुम अपने पास तक इस मुब्तिला[2] के आने की

न जाने क्यों दिले मर्ग़े चमन[3] की सीख गयी
बहारे वज़ह[4] तेरे मुसकुरा के आने की

जो बेहिजाब[5] न होगी, तो जान जायेगी
कि राह देखी है उसने हया के आने की

ख़याले ज़ुल्फ़[6] में ख़ुद रफ़्तगी[7] ने कहर किया
उम्मीद थी मुझे क्या-क्या बला[8] के आने की

करूं मैं वादा ख़िलाफ़ी[9] का शिकवा किस-किस से
अजल[10] भी रह गयी ज़ालिम सुना के आने की

फिर अब की ला तेरे कुर्बान जाऊं जज़्बा ए दिल[11]
गये हैं यां से वो सौगन्ध खा के आने की

मुझे ये डर है कि 'मोमिन' कहीं न कहता हो
मेरी तसल्ली को रोज़े जज़ा[12] के आने की

---

1. मौत 2. फंसे हुए 3. बाग़ के पक्षियों का हृदय 4. वसन्त ऋत का अन्दाज़ 5. बेपरदा 6. केशों की कल्पना 7. बेसुधी 8. मुसीबतें 9. वचन तोड़ना 10. मौत 11. दिल का खिंचाव 12. सज़ा मिलने का दिन।

(36)

गर ग़ैर के घर से न दिल आराम[1] निकलता
दम काहे को यूँ ऐ दिले नाकाम निकलता

मैं वहम[2] से मरता हूं वहां रौब से उसके
क़ासिद[3] की ज़बां से नहीं पैग़ाम निकलता

जब जानते तासीर[4] कि दुश्मन भी वहां से
अपनी तरह ऐ गर्दिशे अय्याम[5] निकलता

हर एक से उस बज़्म[6] में शब[7] पूछते थे नाम
था लुत्फ़[8] जो कोई मेरा हमनाम[9] निकलता

थी नौहाज़नी[10] दिल के जनाज़े[11] पे ज़रूरी
शायद कि वो घबरा के सरे बाम[12] निकलता

---

1. मन को चैन देने वाला 2. भ्रम 3. पत्रवाहक 4. प्रभाव 5. काल चक्र 6. सभा 7. रात 8. आनन्द 9. मेरे ही नाम का 10. रोना-चीख़ना 11. अर्थी 12. छत पर।

## (37)

गुलशन में लाला[1] मैं हूं कि है दिल में जाए[2] दाग़
अपने तो दिलनशीं[3] नहीं, कुछ भी सिवा ए दाग़

क्या दुख न देखे इश्क़ में, क्या-क्या न पाये दाग़
ज़ख़्मों पे ज़ख़्म झेले हैं, दागों पे खाये दाग़

पहना है किसका जामा ए गुलरोज़[4] ग़ैर ने
क्यों तंग हो गयी मेरे तन पर क़बा ए दाग़

उस रश्के महरो मह[5] की निशानी है देखना
ऐ चश्मे अश्क बार[6] कहीं बह न जाये दाग़

छोड़ा न लालाज़ार[7] में साथ उसने ग़ैर का
सौ बार सीना चीर के मैंने दिखाये दाग़

रह तू बग़ल में ग़ैर के सीने से लग के यां
पहलू बराए ज़ख़्म[8] है, सीना बराए दाग़

तारों के बदले गिन के शबे तार[9] काट दी
अय्यामे हिज्र[10] में मेरे क्या काम आये दाग़

---

1. एक फूल 2. जगह 3. प्रेमिका 4. फूलों जैसे कपड़े 5. चांद और सूरज की जलन 6. आंसुओं से भीगी आंख 7. बाग़ 8. घाव के लिए 9. अंधेरी रात 10. विरह के दिन।

**(38)**

गुस्सा बेगानावार[1] होना था
बस यही तुझसे यार होना था

क्यों न होते अज़ीज़[2] ग़ैर तुम्हें
मेरी क़िस्मत में ख़्वार[3] होना था

मुझसे जन्नत में वो सनम न मिला
हश्र और एक बार होना था

ख़ाक होता न मैं तो क्या करता
उसके दर का गुबार[4] होना था

हरज़ागरदी[5] से हम ज़लील हुए
चर्ख़[6] का ऐतबार होना था

सब्र कर सब्र, हो चुका जो कुछ
ऐ दिले बेक़रार होना था

रात-दिन बादा ओ सनम[7] 'मोमिन'
कुछ तो परहेज़गार होना था

---

1. अपरिचितों की भांति 2. प्रिय 3. अपमानित 4. धूल 5. आवारापन 6. आकाश 7. प्रेमिका और शराब।

**(39)**

चश्मा-ए-हैवां बना उसके लबों की शर्म से
पानी-पानी बस कि एजाज़े मसीहा[1] हो गया

किस तरह मालूम हो हाले दिले गुमगश्ता[2] हाए
जो कबूतर ले गया वां नामा उन्क़ा[3] हो गया

जानो-दिल पर लश्कर आराई[4] थी जोशे यास[5] की
मुफ़्त इस बलवे में शब ख़ूने तमन्ना हो गया

शरबते मर्ग़[6] आबे हसरत[7] शोर बख़्ती[8] ज़ारे ग़म[9]
तल्ख़कामी[10] से मुझे क्या-क्या गवारा[11] हो गया

मैं तो दीवाना था, उसकी अक्ल को क्या हो गया
क़ैस[12] कहता है मुझे नासेह[13] को सौदा[14] हो गया

---

1. मुर्दों को ज़िन्दा करने का ईसा का चमत्कार 2. खोये हुए दिल का हाल 3. लुप्त 4. आक्रमण
5. निराशा की तरंग 6. मृत्युरूपी मधुर पेय 7. आशा का जल 8. दुर्भाग्य 9. क्लेशरूपी दुःख
10. दुर्लभ होने के कारण 11. सहज 12. मजनूं 13. उपदेशक 14. पागलपन।

## (40)

जज़्बा ए दिल ज़ोर आज़माना छोड़ दे

पा ए नाज़ुक का सताना छोड़ दे

हूं वो मजनूं गर मैं ज़िन्दां[1] में रहूं

फ़स्ले गुल[2] गुलशन में आना छोड़ दे

हम नहीं उठने के तेरी बज़्म से

पास ग़ैरों को बिठाना छोड़ दे

उस दहन[3] को ग़ुंचा-ए-दिल[4] क्या कहूं

डर लगे है मुस्कुराना छोड़ दे

आह मेरी कब दुआ ए नूह[5] थी

चश्मतर[6] तूफ़ां उठाना छोड़ दे

नातवानी[7] से नज़ाकत[8] है ज़्याद

मुझसे तू दामन छुड़ाना छोड़ दे

गर है 'मोमिन' रोज़ा ए वस्ले बुतां[9]

तू ग़मे फ़ुर्क़त[10] भी खाना छोड़ दे

---

1. बन्दीगृह 2. फूलों की ऋत 3. मुंह 4. दिल की कली 5. पैग़म्बर नूह की प्रार्थना 6. भीगी हुई आंख 7. कमज़ोरी 8. कोमलता 9. प्रेमिकाओं से मिलने के लिए 10. विरह का दुःख।

**(41)**

जहां[1] से शक्ल को तेरी तरस-तरस गुज़रे
जो तुझ पे बस न चला, अपने जी से बस गुज़रे

बनी है सूरे सराफ़ील[2] आह बेतासीर
कि मेरे दम पे क़यामत नफ़स-नफ़स[3] गुज़रे

न जाऊं क्योंकि सू ए दाम[4] आशियाने से जब
ख़याले स़ते मुग़ानि हमक़फ़स[5] गुज़रे

हो और को तो हिदायत जो ख़ुद हूं आवारा
ये उम्र काश कि जूं नाला ए जरस[6] गुज़रे

कहां वो रब्ते बुतां[7] अब कि उसको तो 'मोमिन'
हज़ार साल हुए, सैकड़ों बरस गुज़रे

---

1. संसार 2. हज़्रत इसराफ़ील की तुरही 3. प्रत्येक सांस पर 4. जाल की ओर 5. साथ के बन्दी पक्षियों की इच्छाएं 6. घण्टे की आवाज़ 7. प्रेमिकाओं का सम्पर्क।

**(42)**

जाते थे सुबह रह गये बेताब देखकर

ताला[1] हमारे चौंक पड़े ख़्वाब देखकर

पाया जो दुश्मनों ने तेरे पास ऐतबार[2]

आखें चुराते हैं मुझे अहबाब[3] देखकर

तौबा कहां करते बातिन[4] के होश थे

ग़श हो गया मैं रंगे मय नाब[5] देखकर

रोये वो मेरे हाल पर हैरान क्यों न हों

आंखें सी खुल गयीं दुर्रे नायाब[6] देखकर

है-है तमीज़[7] इश्क़ ओ हवस[8] आज तक नहीं

वो छुपते फिरते हैं मुझे बेताब देखकर

'मोमिन' ये ताब[9] क्या कि तक़ाज़ा ए जल्वा[10] हो

काफ़िर हुआ मैं दीन[11] के आदाब[12] देखकर

---

1. भाग्य 2. भरोसा 3. मित्र 4. भीतरी शत्रुता 5. शराब का रंग 6. अप्राप्त मोती 7. पहचान 8. प्रेम और वासना 9. शक्ति 10. दर्शन देने की मांग 11. धर्म 12. शिष्टाचार।

## (43)

जो तेरे मुंह से न हो शर्मसार[1] आईना
तो रुख़[2] करे सू ए आईनावार[3] आईना

कहे है देख के रुख़सार[4] यार आईना
कि इस सफ़ाई पे सदके निसार[5] आईना

सफ़ाई-ए-दिल[6] की क़द्र[7] कहां तीरा रोज़ी[8] में
चरागे सुब्ह है शब हाये तार[9] आईना

मुक़ाबिल उस रुने रौशन[10] के खुल गयी कलई
न ठहरा आग पे सीमाब वार[11] आईना

शिकस्ते रंग[12] पे मस्ती में हंसते हैं हम भी
दिखायेंगे उन्हें वक़्ते ख़ुमार[13] आईना

मुझे तो कहते हो मत देख मेरी जानिब[14] तू
और आप देखते हो बार-बार आईना

समझ तो 'मोमिन' अगर ना रवा[15] हो ख़ुदबीनी[16]
तो देखें काहे को परहेज़गार आईना

---

1. लज्जित 2. मुंह 3. दर्पण देखने वाले की ओर 4. गाल 5. न्योछावर 6. हृदय की निष्कपटता 7. सम्मान 8. बुरे दिन 9. अंधेरी रातें 10. चमकदार चेहरा 11. पारे की भांति 12. रंग उड़ना 13. नशे में 14. तरफ़ 15. अनुचित 16. अपने आप को देखना।

**(44)**

जो पहले दिन ही से दिल का कहा न करते हम
तो अब ये लोगों की बातें सुना न करते हम

अगर न दाम[1] में ज़ुल्फ़े सियह[2] के आ जाते
तो यूं ख़राब ओ परीशां रहा न करते हम

अगर न लगती चुप उस बदगुमां[3] की शोख़ी[4] से
तो बात-बात में मुज़्तर[5] हुआ न करते हम

अगर जलाते न उस शोला रू[6] के इश्क़ में जी
तो सोज़े आतिशे ग़म[7] से जला न करते हम

उस आफ़ते दिल ओ जां पर अगर न मर जाते
तो अपने मरने की हरदम दुआ न करते हम

न भरते दम[8] जो किसी शोला रू की ख़्वाहिश का
तो ठंडी सांस हमेशा भरा न करते हम

अगर न आंख तग़ाफुल शआर[9] से लगती
तो बैठे-बैठे ये यूं चौंक उठा न करते हम

न होश खोते अगर उस परी की बातों पर
तो आप ही आप ये बातें किया न करते हम

अगर न हंसना हंसाना किसी का भा जाता
तो बात-बात पे यूं रो दिया न करते हम

---

1. जाल 2. काले बाल 3. सन्देह करने वाला 4. चंचलता 5. बेचैन 6. आग की लपटों-जैसा
7. दुःखरूपी आग की जलन 8. प्रशंसा करना 9. लापरवाह।

**(45)**

ठानी थी दिल में अब न मिलेंगे किसी से हम
पर क्या करें कि हो गये नाचार[1] जी से हम

हंसते जो देखते हैं किसी को किसी से हम
मुंह देख-देख रोते हैं किस बेकसी से हम

उस कू में जा मरेंगे मदद ऐ हुजूमे शौक़[2]
आज और ज़ोर करते हैं बे ताक़ती से हम

साहब ने इस गुलाम को आज़ाद कर दिया
लो बन्दगी कि छूट गये बन्दगी[3] से हम

बे रोये मिस्ले अब्र[4] न निकला ग़ुबारे दिल[5]
कहते थे उनको बक्रे तबस्सुम[6] हंसी से हम

मुंह देखने से पहले भी किस दिन वो साफ़ था
बेवजह क्यों ग़ुबार[7] रखें आरसी[8] से हम

है छेड़छाड़ इख़्तिलात[9] भी ग़ैरों के सामने
हंसने के बदले रोयें न क्यों गुदगुदी से हम

क्या दिल को ले गया कोई बेगाना आश्ना[10]
क्यों अपने जी को लगते हैं कुछ अजनबी से हम

इन नातवानियों[11] पे भी थे खारे राहे ग़ैर[12]
क्योंकर निकाले जाते न उसकी गली से हम

---

1. मजबूर 2. अनगिनत इच्छाएं 3. चाकरी 4. बादल की भांति 5. हृदय की कसक 6. जिसकी मुसकान बिजली की भांति हो 7. मैल 8. एक प्रकार की अंगूठी 9. प्रेम 10. अनजान मित्र 11. कमजोरियां 12. दूसरों के रास्ते के कांटे।

**(46)**

तकलीफ़ से जूं पंजा ए गुल[1] लाल हुआ हाथ
नाजुक है वो बस छोड़ दे ऐ रंगे हिना[2] हाथ

मैं अपने गिरेबान के टुकड़ों का हूं पैरो[3]
चलते हैं जुनूं में मेरे पांवों से सिवा हाथ

हंगामे विदा[4] आह गला काट रहे थे
क्या खींचते दामन को तेरे काम में था हाथ

रक्खा तो दिले चश्म से अब उठ नहीं सकता
कुर्बान नज़ाकत के मैं, क्या पांव हैं, क्या हाथ

होने न दिया चाक[5] गरेबान कुन को
यारों ने किये दफ़्न मेरे तन से जुदा हाथ

जैसा मुझे आराम तेरे हाथ से आया
अल्लाह करे यूं ही तेरा सीना मेरा हाथ

जूं शाख़े गुल[6] ऐ जोशे जुनूं ज़ार[7] हो यानी
तक चाक हुआ जामा तो बस टूट गया हाथ

---

1. फूल की पंखुड़ियां जो पंजे की भांति होती हैं 2. मेहंदी का रंग 3. अनुयायी 4. विदाई के समय 5. फटना 6. फूल की डाली 7. दुर्बल।

## (47)

तसल्ली दमे वापसी[1] हो चुकी
हमी हो चुके जब नहीं हो चुकी

क़लक़[2] कुशता ऐ सख़्त जानी[3] है फिर
उमीदे अजल[4] आफ़रीं[5] हो चुकी

बुला उस सियहरोज़[6] को बज़्म में
शबे ऐश[7] ऐ महजबीं[8] हो चुकी

यहां दम नहीं, शौक़ से क़त्ल कर
मेरे ख़ूं से तर आस्ती हो चुकी

ख़याले अजल से तसल्ली करूं
वो ताक़त भी जाने हज़ीं[9] हो चुकी

जुनूं में भला कोई क्या ख़ाक उड़ाये
कि इक जोश ही में ज़मीं हो चुकी

कमीं[10] में है 'मोमिन' वो काफ़िर सनम
बस अब पासबानी ए दीं[11] हो चुकी

---

1. उलटी सांस 2. दुःख 3. कठिनाई से मरने वाला 4. मौत की आशा 5. पूर्ण 6. अभागा 7. सुख की रात 8. चांद जैसे मुख वाला 9. कमज़ोर दिल 10. घात 11. धर्म की रक्षा।

**(48)**

तासीर[1] सब्र में, न असर इज़्तिराब[2] में
बेचारगी[3] से जान पड़ी किस अज़ाब[4] में

बे नाला[5] मुंह से झड़ते हैं, बे गिरिया[6] आंख से
अज्जा ए दिल[7] का हाल न पूछ इज़्तिराब में

इतनी कुदूरत[8] अश्क में हैरां हूं, क्या कहूं
दरिया में है सराब[9] कि दरिया सराब में

फ़िक्रे माल[10] से मय ओ शाहिद[11] रहे अज़ीज़[12]
पीरी[13] में मौत याद थी, पीरी शबाब[14] में

खोला जो दफ़्तरे गिला[15] अपना ज़ियां[16] किया
गुज़री शबे विसाल सितम के हिसाब में

ऐ हश्र! जल्द कर तह ओ बाला[17] जहान को
यूं कुछ न हो, उम्मीद तो है इन्क़िलाब में

---

1. प्रभाव 2. बेचैनी 3. बेबसी 4. कष्ट 5. बिना प्रलाप के 6. बिना रोये 7. दिल के टुकड़े 8. कपट 9. मृगतृष्णा 10. फल की चिन्ता 11. शराब और सौन्दर्य 12. प्रिय 13. बुढ़ापा 14. जवानी 15. अनेक शिकायतें 16. हानि 17. ऊपर-नीचे।

**(49)**

तुम उठ गये महफ़िल से ज़िक्र आते ही मजनूं का
साये से मेरे वहशते ऐ रश्के परी[1] इतनी

बेपरदा पसे चिलमन[2] यक बार तुम आ बैठे
है ताबे नज़र[3] किसको क्यों जल्वागरी[4] इतनी

लाज़िम था हज़र[5] मुझसे नाचीज़[6] के नालों से
पर तुझको कहां ग़ैरत[7] ऐ बेअसरी[8] इतनी

लो छेड़े है नक्हत[9] को गुलहाए शबीना[10] की
अब तुमसे भी चल निकली[11] बादे सहरी[12] इतनी

ये कौन कहे उससे, की तर्के वफ़ा[13] मैंने
कर तू ही ज़रा नासेह पैग़ाम्बरी[14] इतनी

सजदा न कहीं करना 'मोमिन' क़दमे बुत पर
का'बे ही में होती है बेहूदासरी इतनी

---

1. परियों को भी लज्जित करने वाला 2. घूंघट के पीछे 3. देखने की शक्ति 4. चमकना 5. घृणा 6. तुच्छ 7. लज्जा 8. प्रभावहीनता 9. सुगन्ध 10. शबीना के फूल 11. मुंह को लगी हुई 12. प्रातःकाल की हवा 13. निष्ठा का त्याग कर देना 14. सन्देश ले जाना।

## (50)

तुम भी रहने लगे ख़फ़ा साहब
कहीं साया मेरा पड़ा साहब

है ये बन्दा ही बेवफ़ा साहब
ग़ैर और तुम भले भला साहब

क्यों उलझते हो जुम्बिशे लब[1] से
ख़ैर है मैंने क्या कहा साहब

दमे आख़िर[2] भी तुम नहीं आते
बन्दगी अब कि मैं चला साहब

नाम इश्क़े बुतां[3] न लो 'मोमिन'
कीजिये बस ख़ुदा-ख़ुदा साहब

---

**(51)**

थी वस्ल में भी फ़िक्रे जुदाई[1] तमाम शब

वो आये, तो भी नींद न आयी तमाम शब

गरमे जवाब[2] शिकवा ए जौरे अदू[3] रहा

उस शोला ख़ूं[4] ने जान जलायी तमाम शब

मर जाते क्यों न सुबह के होते ही हिज्र में

तक़लीफ़ कैसी-कैसी उठायी तमाम शब

धर पांव आस्तां[5] पे कि इस आरज़ू में आह

की है किसी ने नासिया-साई[6] तमाम शब

'मोमिन' मैं अपने नालों के सदक़े कि कहते हैं

उनको भी आज नींद न आयी तमाम शब

---

1. अलगाव 2. क्रोध की हालत 3. शत्रु के अत्याचार की शिकायत 4. क्रोधी 5. चौखट 6. माथा रगड़ना।

**(52)**

दरबदर[1] नासिया फ़रसाई[2] से क्या होता है
वही होता है, जो क़िस्मत में लिखा होता है

इक नज़र देखे से सर तन से जुदा होता है
बेजगह आंख लड़ी, देखिये क्या होता है

शौक़ कम मिलने से अन्दोह फ़ज़ा[3] होता है
हाय! परहेज़ से ये दर्द सिवा होता है

चश्मे ख़ूंबार[4] मेरी आपने तलवों से मली
वरना ऐसा भी कहीं रंगे हिना होता है

जां ब लब[5] हूं ख़बरे वस्ल सुना दे क़ासिद
लब हिलाने में तेरे, काम मेरा होता है

हो के आज़ुर्दा[6] पशेमां हूं कि मैं जिससे कहूँ
वो ही कहवे कोई ऐसे से ख़फ़ा होता है

दिल दिया जिसने वो नाकाम रहा ता दमे ज़ीस्त
फ़िल हक़ीक़त[7] कि बुरा काम बुरा होता है

वा[8] रहें हश्र तलक बहरे दुआ[9] गो[10] लबे ज़ख़्म
पर तेरा हक़ ए नमक[11] कोई अदा[12] होता है

ज़हर नोशे ग़मे शीरी ने कहा ख़ुसरो[13] से
तल्ख़-ए-मर्ग[14] में शक्कर का मज़ा होता है

---

1. गली-गली 2. माथा रगड़ने से 3. दुःख का माहौल 4. लहू से भरी आंख 5. मरने के निकट
6. परेशान 7. वास्तव में 8. खुला हुआ 9. दुआ के लिए 10. यद्यपि 11. एहसान 12. देना
13. एक राजा 14. मौत की कड़वाहट।

**(53)**

दिखाते आईना हो और मुझमें जान नहीं
कहोगे फिर भी कि मैं तुझ-सा बदगुमान[1] नहीं

जो यार सुलह पे है अब तो आसमान नहीं
वो मेहरबान हुआ तो ये मेहरबान नहीं

ये गुल हैं दाग़ जिगर के इन्हें समझकर छेड़
ये बाग़ सीना ए आशिक़[2] है गुलिस्तान[3] नहीं

न चाहूं रोज़े जज़ा[4] दाद[5] ये सितम देखो
कब आज़माते हैं जब वक़्ते इम्तिहान नहीं

न पूछे हाल तू जब तक मेरा बयां न करूं
मेरी ज़बान नहीं गर तेरे दहान[6] नहीं

शबे फ़िराक़[7] में पहुंची न दिल से जान तलक
कहीं अज़ल[8] भी तो मुझ-सी ही नातवान[9] नहीं

वो हाल पूछे है और चश्मे सुरमगीं[10] को देख
ये चुप हुआ हूं कि गोया मेरी ज़बान नहीं

निकल के दैर[11] से मस्जिद में जा रह ऐ 'मोमिन'
ख़ुदा का घर तो है तेरे अगर मकान नहीं

---

1. सन्देह करने वाले 2. प्रेमी की छाती 3. बाग़ 4. सज़ा मिलने का दिन 5. प्रशंसा 6. मुंह 7. विरह की रात 8. मौत 9. कमज़ोर 10. सुरमा लगी आंखें 11. मन्दिर।

# (54)

दिन भी दराज[1] रात भी क्यों है फ़िराक़े यार[2] में
काहे से फ़र्क आ गया गर्दिशे रोज़गार[3] में

ख़ाक में वो तपिश[4] नहीं, ख़ार में वो ख़लिश[5] नहीं
क्यों न हमें ज़्यादा हो जोशे जुनूँ[6] बहार में

मर्ग[7] है इन्तिहा ए इश्क़[8] यां रही इब्तिदा ए शौक़[9]
ज़िन्दगी अपनी हो गयी रंजिशे बार-बार में

ख़ाक उड़ाई गुल ने ये किसके जुनूने इश्क़ में
आये है कुछ अटी हुई बादे सबा[10] ग़ुबार में

ध्यान में 'मोमिन' आ गये बहसे जब्र ओ इख़्तियार[11]
क़ाबू ए यार में हैं हम, वो नहीं इख़्तियार में

---

1. लम्बा 2. प्रेमिका का विरह 3. संसार का चक्र 4. गरमी 5. चुभन 6. पागलपन 7. मौत 8. प्रेम की चरम सीमा 9. प्रेम का आरम्भ 10. प्रातःकाल की वायु 11. अपने को वश में रखने का विवाद।

# (55)

दिल आग है और लगायेंगे हम
क्या जाने किसे जलायेंगे हम

अब गिरिया[1] में डूब जायेंगे हम
यूं आतिशे दिल बुझायेंगे हम

गर ग़ैर से है ये रंगे सोहबत
तो और ही रंग लायेंगे हम

तू बख़्ते[2] अदू[3] अजल[4] फ़लके दिल[5]
किस-किस के सितम उठायेंगे हम

दुश्मन के कहे से रूठता है
वो ही कहें, तो मनायेंगे हम

---

1. आंसू 2. भाग्य 3. शत्रु 4. मौत 5. दिलरूपी आकाश।

**(56)**

दिल क़ाबिले मुहब्बते जानां[1] नहीं रहा
वो वलवला[2] वो जोश, वो तुग़याँ[3] नहीं रहा

करते हैं अपने ज़ख़्मे जिगर का रफ़ू हम आप
कुछ भी ख़याले जुम्बिशे मिज़गां[4] नहीं रहा

क्या अच्छे हो गये कि भले से बुरे हुए
यारो करो फ़िक्र चारा ओ दरमां[5] नहीं रहा

नाकामियों[6] का गाह[7] गिला गाह शुक्र है
शौक़े विसाल ओ अन्दोहे हिज्रां[8] नहीं रहा

बेकारि ए उमीद से फ़ुर्सत हो रात-दिन
वो कारोबारे हसरतों हरमां[9] नहीं रहा

बेएतबार हो गये हम तर्के इश्क़[10] से
अज़ बस[11] कि पासे वादा ए पैमां[12] नहीं रहा

नींद आ गयी फ़साना ए गेसू ओ ज़ुल्फ़ से
वहम ओ गुमान[13] ख़्वाबे परीशां नहीं रहा

---

1. प्रेमिका के प्रेम के योग्य 2. मस्ती 3. अवहेलना 4. पलकों का हिलना 5. उपाय और इलाज 6. असफलताएं 7. कभी 8. विरह का दुःख और मिलन की इच्छा 9. दुःख एवं इच्छाएं 10. प्रेम से मुंह मोड़ना 11. अधिक 12. वादों का ख़याल 13. ख़याल और सन्देह।

**(57)**

दिल में उस शोख़ से राह[1] न की
हमने भी जान दी, पर आह न की

परदापोशी[2] ज़रूर थी, ऐ चर्ख़[3]
क्यों शबे बुलहवस[4] सियाह[5] न की

तिश्नालब[6] ऐसे हम गिरे मय पर
कि कभी सैरे ईदगाह[7] न की

उसको दुश्मन से क्या बचाये, वो चर्ख़
जिसने तद्बीर खस्फ़े माह[8] न की

कौन ऐसा कि उससे पूछे क्यों
पुरसिशे हाल दाद ख़्वाह[9] न की

था बहुत शौक़ वस्ल तूने तो
कमी ऐ हुस्न ताबगाह[10] न की

इश्क़ में काम कुछ नहीं आता
गर न की हिस्नो[11] माल ओ जाह[12] न की

ताब कमज़र्क[13] को कहां, तुमने
दुश्मनी की अदू[14] से चाह न की

---

1. प्रेम 2. छिपाना 3. आकाश 4. कामी व्यक्ति की रात 5. काली 6. प्यासे होठ 7. मदिरा 8. दैविक स्थानों की सैर 9. नज़र लगाना 10. अत्याचार सहने वाले का हाल-चाल पूछना 11. शक्ति घटाने वाला 12. लालच 13. धन और स्थान 14. शत्रु।

**(58)**

दुआ बला थी शबे ग़म सुकूने जां[1] के लिए
सुख़न[2] बहाना हुआ मर्गे नागहां[3] के लिए

न पा ए यार[4] के बोसे न आस्तां[5] के लिए
अबस[6] मैं ख़ाक हुआ मैले आसमां[7] के लिए

ख़िलाफ़ वादा ए फ़र्दा[8] की हमको ताब कहां
उम्मीद एक शुब्हा है यास जाविदां[9] के लिए

सुनें न आप तो हम बुलहवस से हाल कहें
कि सख़्त चाहिए दिल अपने राज़दां के लिए

हिजाबे चख़्र बला है हुआ करे बेताब
फ़ुग़ां असर के लिए और असर फ़ुग़ां के लिए

है एतमाद[10] मेरे बख़्ते-ख़ुफ़्ता को[11] पे क्या-क्या
वगरना ख़्वाब कहां चश्मे पासबां[12] के लिए

मज़ा ये शिकवा में आया कि बे मज़ा हुए वो
मैं तल्ख़ काम[13] रहा लंजाते ज़बां के लिए

लिया है दिल के एवज़ जान दे रक़ीब तो दूं
मैं और आपकी सौदागरी ज़ियां[14] के लिए

---

1. दिल का दुखना 2. बात 3. अचानक मात खाना 4. प्रेमिका के पांव 5. चौखट 6. व्यर्थ 7. आसमान की आसक्ति 8. कल के वादे के विरुद्ध 9. हमेशा की नाउम्मीदी 10. भरोसा 11. सोया हुआ भाग्य 12. चौकीदारी करने वाली आंख 13. असफल 14. हानि।

## (59)

दोस्तो ले आओ क़ातिल को किसी तद्बीर से
सर कटायेंगे कि अब तो जंग है तक़दीर से

जी रुके है ज़ब्त[1] करते-करते मैं तो मर गया
नाक में आया दम इस आहे सितम तासीर[2] से

सुबह क्योंकर एक़दम में हो गयी शामे फ़िराक़[3]
क्या असर होता था तुमको नाला ए शबगीर[4] से

उनको जल्दी जाने की, मुझको अजाबे जांकनी[5]
दोनों का दम नाक में है, मौत की ताख़ीर[6] से

मार डाला हमको जौरे गर्दिशे अय्याम[7] ने
बढ़ गयी रात अपनी रोज़े हश्र[8] की तक़सीर[9] से

है फ़साना साथ सोये कब किसी तद्बीर से
नींद आती है हमारे ख़्वाब की ताबीर[10] से

बज़्मे दुश्मन[11] से न उट्टे वो किसी तद्बीर से
मिल गये हम ख़ाक में महशर तेरी ताख़ीर से

मेरे लिक्खे को मिटाया आपने, अच्छा हुआ
था शगुन[12] ही मुद्आ[13] यां नामा[14] की तहरीर से

ऐसे नाज़ुक के शमायल[15] क्यों न दिल में नक़्श हों
खिंच गया सीना पे नक़्शा ग़ैर की तस्वीर से

---

1. सब्र 2. अत्याचार करने वाली आहें 3. विरह की शाम 4. आधी रात का रोना 5. प्राण निकलने का कष्ट 6. देर 7. कालचक्र का अत्याचार 8. प्रलय का दिन 9. अपराध 10. स्वप्न का फल 11. शत्रु की बैठक 12. शुभ मुहूर्त देखना 13. अभिप्राय 14. पत्र 15. आदतें।

**(60)**

न इन्तिज़ार में यां आंख एक आन लगी
न हाय-हाय में तालू से शब ज़बान लगी

जला जिगर तपे ग़म[1] से फड़कने जान लगी
इलाही ख़ैर कि अब आग पास आन लगी

गली में उसकी न फिर आते हम तो क्या करते
तबीअत अपनी न जन्नत[2] के दरमियान[3] लगी

जफ़ा ए ग़ैर[4] का शिकवा[5] था, तेरा था क्या ज़िक्र
अबस[6] ये बात बुरी तुझको बदगुमान[7] लगी

हंसो न तुम तो मेरे हाल पर, मैं हूं वो ज़लील[8]
कि जिसकी ज़िल्लत ओ ख़्वारी[9] से तुमको शान लगी

कहां वो आहो फ़ुग़ां दम भी ले नहीं सकते
हमें ये तेरी दुआ ए बद[10] आसमान लगी

मैं और उसको बुलाऊंगा रोज़े वस्ल में लो
अजल[11] भी करने मुहब्बत का इम्तिहान लगी

सदा तुम्हारी तरफ़ जी लगा ही रहता है
तुम्हारे वास्ते है दिल को मेहरबान लगी

---

1. दुःख की गरमी 2. स्वर्ग 3. बीच में 4. दूसरों के अत्याचार 5. उलाहना 6. व्यर्थ 7. शंका करने वाला 8. अपमानित 9. तिरस्कार और अनादर 10. शाप 11. मौत।

# (61)

न कटी हमसे शब जुदाई की
कितनी ही ताक़त आज़माई की

रश्के दुश्मन[1] बहाना था सच है
मैंने ही तुमसे बेवफ़ाई की

आये वो दस्ते ग़ैर[2] में दिये हाथ
आस[3] तूने शिकस्तापायी[4] की

घर तो उस माहवश[5] का दूर न था
लेक[6] तालै[7] ने ना रसाई[8] की

मर गये, पर है बे ख़बर सैयाद
अब तवक़्क़ो[9] नहीं रिहाई[10] की

'मोमिन' आओ तुम्हें भी दिखला दूं
सैरे-बुतख़ाना[11] में ख़ुदाई[12] की

---

1. शत्रु की जलन 2. दूसरे के हाथ में 3. आशा 4. हार जाना 5. चांद-जैसा 6. लेकिन 7. भाग्य
8. पहुंच न होना 9. आशा 10. छुटकारा 11. प्रेमिकाओं की गली की सैर 12. दुनिया।

## (62)

न कुछ शोख़ी[1] चली बादे सबा[2] की
बिगड़ने में भी ज़ुल्फ़ उसकी बना की

कभी इन्साफ़ ही देखा न दीदार[3]
क़यामत अक्सर उस कू[4] में रहा की

फ़लक[5] के हाथ से मैं जा छिपूं गर
ख़बर ला दे कोई तहसुलसरा[6] की

शबे वस्ले अदू[7] क्या-क्या जला है
हक़ीक़त खुल गयी रोज़े जज़ा[8] की

चमन में कोई उस कू से न आया
गयी बरबाद सब मेहनत सबा की

कशीदे दिल[9] पे बांधी है कमर आज
नहीं ख़ैर[10] आपके बन्दे क़बा[11] की

किया जब इल्तिफ़ात[12] उसने ज़रा-सा
पड़ी हमको हुसूले मुद्आ[3] की

कहा है ग़ैर ने तुमसे मेरा हाल
कहे देती है बेबाक़ी[14] अदा की

---

1. चंचलता 2. प्रातःकाल की वायु 3. मिलन 4. गली 5. आकाश 6. पाताल 7. शत्रु की प्रणय रात 8. प्रलय का दिन 9. दिल को खोलना 10. रक्षा 11. चोली के बन्धन 12. मेहरबानी 13. मतलब निकालना 14. निर्भयता।

# (63)

न क्योंकर बस मुआ जाऊं[1] कि याद आता है रह-रहकर
वो तेरा मुस्कुराना कुछ मुझे होटों में कह-कहकर

बहारे बाग़ दो दिन है, ग़नीमत जान ऐ बुलबुल
ज़रा हंस-बोल ले, हो ज़मज़मा परवाज़[2] चह-चहकर

नवेद ए दिल[3] कि रश्के ग़ैर[4] से छूटे उसे हमने
सितम का कर दिया ख़ूंगर[5] जफ़ा ओ जौर[6] सह-सहकर

कहां लख़्ते जिगर हैं सैले गिरियां[7] में चढ़ा दरिया
चले आते हैं ये डूबे हुओं के लाशे बह-बहकर

ख़ुदा को मान, अपनी राह ले, का'बा को जा 'मोमिन'
सनमख़ाना[8] में क्या लेवेगा ऐ गुमगशता[9] रह-रहकर

---

1. मरा जाऊं 2. गाने की ऊंची आवाज़ 3. दिल का निमंत्रण 4. दूसरों से जलना 5. अभ्यस्त
6. जुल्म और अत्याचार 7. आंसुओं की बाढ़ 8. प्रेमिकाओं का घर 9. भटके हुए।

## (64)

न देना बोसा ए पा[1] गो[2] फ़लक झुकता ज़मीं पर है
कि ये उतना ज़मीं के नीचे है, उतना ज़मीं पर है

तड़पता है पड़ा शौक़े शहादत[3] ख़ाक और ख़ूं में
गिरा कूचे में तेरे ये लहू किसका ज़मीं पर है

खिरामे नाज़[4] ने किसके जहां को कर दिया बरहम[5]
ज़मीं गिरती फ़लक पर है, फ़लक गिरता ज़मीं पर है

रहा उस कू[6] में, मिट्टी यार ले जायें, तो ले जायें
कि पड़ता पांव मानिन्दे निशाने पा[7] ज़मीं पर है

फ़रिश्तो! ले चले उस कू से क्यों जन्नत में तुम मुझको
भला क्या साकिनाने चर्ख़[8] का दावा ज़मीं पर है

---

1. पैर का चुम्बन 2. यद्यपि 3. मरने की इच्छा 4. इठलाती चाल 5. नाराज़ 6. गली 7. पैरों के निशान की भांति 8. आकाश पर रहने वाले।

**(65)**

नासेह उनको गर मेरी शक्ल से तनफ्फुर[1] है
तो भी कम निगाही[2] क्यों जानिबे ए वफ़ा[3] देखें

कुछ नहीं नज़र आता आंख लगते ही नासेह
गर नहीं यक़ीं हज़रत आप भी लगा देखें

चश्मे वा[4] ने नाबीना[5] कर दिया जुदाई में
कोई आंख लगती है ख़्वाबे वस्ल[6] क्या देखें

किसने और को देखा, किसकी आंख झपकी है
देखना इधर आओ, फिर नज़र मिला देखें

वहमे आशिक़ी[7] से तो ये सितम न करता हो
क्यों निगाहे हसरत[8] से चख़[9] को सदा[10] देखें

---

1. घृणा 2. संकीर्णता 3. निष्ठा की ओर 4. खुली हुई आंख 5. अन्धा 6. मिलन की कल्पना
7. प्रेम का भ्रम 8. इच्छा से भरी दृष्टि 9. आकाश 10. सदैव।

**(66)**

पामाल[1] इक नज़र में क़रार ओ सबात[2] है
उसका न देखना निगहे इल्तिफ़ात[3] है

पैग़ाम्बर रक़ीब[4] से होते हैं मशविरे
सुनता नहीं किसी की, ये कहने की बात है

छुटकर गुमाने असीरे मुहब्बत[5] की ज़िन्दगी
नासेह ये बन्दे ग़म[6] नहीं, कैदे हयात[7] है

क्या यूं ही जायेगी मेरी फ़र्याद सरज़निश[8]
वाइज़[9] को रोज़े हश्र उम्मीदे नजात[10] है

बदनामियों के डर से अबस[11] तुम चले कि मैं
हूं तैरा रोज़[12] मेरी सहर भी तो रात है

क्या माल हैं कि जान दे देते हैं दम[13] तुम्हें
अग्यार बुलहवस[14] की यही काइनात है

---

1. बरबाद 2. सुख-चैन 3. आंखों की कोर से देखना 4. सन्देशवाहक शत्रु 5. प्रेम का बन्दी 6. दुःख का बन्धन 7. जीवन का बन्धन 8. बुरा-भला कहना 9. उपदेशक 10. छुटकारे की आशा 11. व्यर्थ 12. बुरे दिनों वाला 13. लालच 14. लालची प्रतिद्वन्द्वी।

## (67)

पोंछने से हमदमो[1] दरिया है क्योंकर ख़ुश्क हो
सब के दामन तर हों, पर कब दीदा ए तर[2] ख़ुश्क हो

आह की गरमी से दुनिया में हो जो तर ख़ुश्क हो
नूह[3] का तूफ़ां भी हो, तो ख़ुश्क हो, पर ख़ुश्क हो

उफ़ रे सोज़े नाला[4] वल्लाह रे सैलाबे सरिश्क[5]
उससे तर रू ए ज़मीं[6] उससे समन्दर ख़ुश्क हो

सोज़े दिल[7] आबे जिगर[8] लेने दे दम, तो कब तलक
तर रहें आंखें हमेशा और लब अक्सर ख़ुश्क हो

मौजज़न[9] है एक दरिया हाए जोशे अश्क है
आस्तीं[10] हो जाये तर, दामाने तर[11] गर ख़ुश्क हो

शम्अ सा[12] मैं सोज़े गिरिया[13] से सरापा[14] जल गया
है तअज्जुब गर शजर[15] पानी के अन्दर ख़ुश्क हो

---

1. साथियो 2. भीगी आंख 3. एक पैग़म्बर का नाम 4. क्रन्दन की जलन 5. आंसुओं की बाढ़
6. पृथ्वी की आकृति 7. दिल की जलन 8. कलेजे का पानी 9. लहरें उठना 10. बांह 11.
भीगा वस्त्र 12. दीपक की भांति 13. आंसुओं की जलन 14. सिर से पांव तक 15. वृक्ष।

**(68)**

फिर सीना सोज़े[1] दाग़ो गमे शेला फ़ाम[2] है
फिर गर्म जोशि ए दिल[3] ओ सौदा ए ख़ाम[4] है

जां लौटती है फिर कि वही ऐश हो नसीब
हम हैं, वो मस्त नाज़[5] है और दौरे जाम[6] है

जी चाहता है पूछे कोई क्या वो मर गया
फिर एक बात कहने में क़िस्सा तमाम है

फिर तल्ख़कामियों[7] ने किया जान ओ दिल से कूच
फिर आरज़ू ए बोसा[8] का लब पर मुक़ाम है

चिलवन से किस परी का नज़ारा[9] हुआ नसीब
फिर अपने तिनके चुनने की क्यों धूमधाम है

फिर किसने मुसकुरा के मुझे बेवफ़ा कहा
क्यों कह रहा हूं बन्दा तो साहबे गुलाम है

फिर किसने ग़ैर को न दिया नाज़ से जवाब
फिर ख़्वाहिशे पयामे अजल[10] का पयाम है

---

1. दिल जलाने वाला 2. आग के रंग-जैसी प्रेमिका के विरह का दुःख 3. हृदय का उत्साह 4. कच्चा सौदा 5. प्रेमिका 6. मदिरापान 7. असफलताएं 8. चुम्बनों की इच्छा 9. दर्शन 10. मृत्यु की इच्छा का सन्देश।

# (69)

फ़ुग़ां[1] क्या दम भी लेना[2] पारा हाए दिल[3] उड़ाता है
कहूं क्या दर्दे पिन्हां[4] की कलेजा मुंह को आता है

गिराये अश्क पुरतासीर[5] क्यों ख़िल्वत[6] में ऐ आंखों
कोई यूं ख़ाक में ऐसे गुहर[7] को भी मिलाता है

कभी की फिर गयीं आंखें फ़रिश्ते भी नज़र आये
तुम्हारा मुंह छिपाना देखिये क्या-क्या दिखाता है

न करनी थी नसीहत उसके बैठे पर क़यामत की
अजब फ़ित्ना[8] है नासेह भी कि ये फ़ित्ने उठाता है

ख़याले ख़्वाब राहत[9] है इलाज इस बदगुमानी[10] का
वो क़ाफ़िर[11] गोर[12] में 'मोमिन' मेरा शाना[13] हिलाता है

---

1. रोना 2. चैन प्राप्त करना 3. दिल के टुकड़े 4. छिपा हुआ दर्द 5. पूरी तरह से प्रभावित 6. एकान्त 7. मोती 8. मुसीबत 9. आराम की नींद की कल्पना, 10. सन्देह 11. शत्रु 12. क़ब्र 13. कन्धा।

**(70)**

बस कि इक परदानशीं[1] से दिले बीमार लगा
जो मरीज़ों से छिपाते हैं वो आज़ार[2] लगा

जज़्बा ए दिल[3] को न छाती से लगाऊं क्योंकर
आप वो मेरे गले दौड़ के इक बार लगा

शोख़[4] था रंगे हिना[5] मेरे लहू से सो है
क़त्ले अग़्यार[6]से क्या हाथ तेरे यार लगा

तू किसी का भी ख़रीदार नहीं, पर ज़ालिम
सरफ़रोशों[7] का तेरे कूचे में बाज़ार लगा

देख तो हसरते दीदार[8] पसे मुर्दन[9] भी
आंखें वो खोल के तकने दरो-दीवार[10] लगा

---

1. परदे में रहने वाली 2. परेशानी 3. दिल की भावना 4. चटकीला 5. मेहंदी का रंग 6. दूसरों की हत्या 7. सिर कटाने वाले 8. दर्शन की इच्छा 9. मरने के बाद 10. दरवाज़ा और दीवार।

## (71)

बहरे-अयादत[1] आये वो, लेकिन क़ज़ा[2] के साथ
दम ही निकल गया मेरा आवाज़े पा के साथ

बेपरदा ग़ैर पास उसे बैठा न देखते
उठ जाते काश हम भी जहां से हया के साथ

वो लाला रू[3] गया न हो गुलगशते[4] बाग़ को
कुछ रंग बू ए गुल के एवज़[5] है सबा के साथ

आती है बू ए दाग़ शबे तार[6] हिज्र में
सीना भी चाक हो न गया हो क़बा[7] के साथ

थे वादे से फिर आने के ख़ुश ये ख़बर न थी
है अपनी ज़िन्दगानी उसी बेवफ़ा के साथ

अल्लाह री गुमरही[8] बुत ओ बुतख़ाना छोड़कर
'मोमिन' चला है का'बे को इक पारसा[9] के साथ

---

1. हाल पूछने के लिए 2. मृत्यु 3. लाला के फूल की भांति 4. बाग़ की सैर 5. बदले में 6. अंधेरी रात के कष्टों की याद 7. कपड़ा 8. पथभ्रष्टता 9. साधु।

## (72)

बीम बे दादो सितम[1] कुछ दिले मुज़्तर[2] में नहीं
यूं हूं नालां[3] कि वो गोया[4] सफ़े महशर[5] में नहीं

ख़ार[6] बिस्तर पे शबे हिज्र[7] बिछाऊं क्योंकर
दिल में तो है वो गुल अन्दाम[8] अगर बर[9] में नहीं

मुझसे मैकश[10] की तरफ़ मुहतसिब[11] आता है, तो आये
एक क़तरा भी सुबू ओ खुम ओ साग़र[12] में नहीं

जी उठे और वही रंजे मुहब्बत के अज़ाब[13]
हम न मानेंगे कि ईज़ा[14] तेरी ठोकर में नहीं

क्या मुअस्सर[15] हो दुआ वस्ले सनम[16] की 'मोमिन'
हम तलब करते हैं वो शै[17] जो मुक़द्दर में नहीं

---

1. अन्याय और अत्याचार का भय 2. व्यथित हृदय 3. रोने वाला 4. जैसे कि 5. प्रलय के दिन 6. कांटा 7. विरह की रात 8. फूल-जैसे शरीर वाला 9. शरीर 10. शराबी 11. परहेज़ करने वाला 12. शराब का मटका और प्याला 13. कष्ट 14. कष्ट 15. प्रभावपूर्ण 16. प्रेमिका 17. वस्तु।

(73)

बेसब्र को कहां तपे दाग़े जिगर से फ़ेज़[1]

गुलची[2] को कब हुआ शजरे बारवर[3] से फ़ेज़

ज़ाहिद निगाह भर के वो बेदीद[4] देख ले

इतना हुआ न ख़िदमते अहले नज़र[5] से फ़ेज़

यादे ख़ते निगार[6] में हम ज़हर खा मुए[7]

क्या आब ज़िन्दगी का हुआ है ख़िज़्र[8] से फ़ेज़

बिल्तबा[9] गर करम[10] हो, तो मुफ़िलस[11] भी है करीम

होता है साये का शजरे बेसमर[12] से फैज़

मिलने को ख़ाक ही में बख़ीलों[13] का माल है

देखो तो, है किसी को भी गुंचा के ज़र[14] से फ़ैज़

---

1. लाभ 2. फूल चुनने वाला 3. फलों से लदा हुआ वृक्ष 4. बेशर्म 5. बुद्धिमानों की सेवा 6. प्रेमिका के बालों की याद 7. मरे 8. एक पैग़म्बर का नाम 9. स्वभाव से 10. दया 11. निर्धन 12. बिना फल का वृक्ष 13. कंजूस 14. पराग।

**(74)**

मंज़ूरे नज़र ग़ैर सही, अब हमें क्या है
बेदीद, तेरी आंख से दिल पहले फिरा है

बस-बस न करो बात कि याद आये है मुझको
नासेह से जो कुछ बेख़ुदियों[1] में भी सुना है

किस तरह न उस शोख़ के रोने पे हँसूं मैं
नज़रों में मुरव्वत है, न आखों में हया है

यारब[2] कोई माशूक़ ए दिल जू न मिले अब
जो उनकी दुआ है, वही अपनी भी दुआ है

तौबा गुनहे इश्क़[3] से फ़ाये है वाइज़[4]
ये भी कहीं दिल दे के गुनहगार हुआ है

परहेज़ से उसके गयी बीमारी ए दिल आह
बेगानगियों[5] में भी अजब रब्त[6] रहा है

था मद्दे रुने यार[7] मैं क्या आईना देखूं
मालूम है यारो मुझे जो रंग मेरा है

चाहा करे दिल लाख न बोलूंगा जो हमदम[8]
वो मेरे मनाने को रक़ीबों से ख़फा[9] है

'मोमिन' न सही बोसा ए पा[10] सिज्दा करेंगे
वो बुत है जो औरों का, तो अपना भी ख़ुदा है

---

1. मस्ती की हालत 2. है परमात्मा 3. प्रेम 4. उपदेशक 5. अपरिचित अवस्था 6. सम्बन्ध 7. प्रेमिका का मुख देखने में व्यस्त 8. मित्र 9. क्रुद्ध 10. पांव का चुम्बन।

उर्दू के मशहूर शायर मोमिन और उनकी चुनिंदा शायरी / 80

**(75)**

मजलिस[1] में ता न देख सकूँ यार की तरफ़
देखे है मुझको देख के अग़यार[2] की तरफ़

कितना शुआ ए मेह्र[3] ने हैरां किया हमें
तकते हैं कब से रोज़ने दीवार[4] की तरफ़

वहमे फ़ुग़ाने ए ग़ैर[5] ने सीना जला दिया
आतिश[6] लगी थी कूचा ए दिलदार[7] की तरफ़

शामे फ़िराक़ ख़्वाबे अदम[8] का है इन्तिज़ार
आंखें लगी हैं दौलते बेदार[9] की तरफ़

उसने दिखा-दिखा के मुझे छेड़ देखना
गुल फेंके अन्दलीबे गिरिफ़्तार[10] की तरफ़

गुलबांग[11] नाला है ये नया गुल खिला मगर
गुज़री नसीम आह चमनज़ार[12] की तरफ़

अब रश्के ज़ख़्मे यार[13] पे मुंसिफ़ करें किसे
की आ के मौत ने भी तो अग़यार की तरफ़

दिल बादे क़त्ल भी नहीं फिरता कि गोर[14] में
मुंह फिर गया है कू ए सितमगार की तरफ़

---

1. सभा 2. रक़ीब 3. सूरज की किरणें 4. दीवार की खिड़की 5. दूसरों के रोने का भ्रम 6. आग
7. प्रेमिका की गली 8. परलोक की कल्पना 9. जागी हुई दौलतें 10. फंसी हुई बुलबुल 11.
बुलबुल का चहचहाना 12. बाग़ 13. प्रेमिका द्वारा दिये गये घाव 14. क़ब्र।

**(76)**

मत कह शबे विसाल कि ठण्डा न कर चिराग़

ज़ालिम जला है मेरी तरह उम्र-भर चिराग़

वह सोख़्ता जिगर[1] हूं कि पैमाना ओ सुबू[2]

बनते नहीं हैं ख़ाक से मेरी मगर चिराग़

ज़ुल्फ़ें उठाओ रुख़ से कि दिल की जलन मिटे

बुझ जाये है जहान[3] में वक़्ते सहर[4] चिराग़

उस महरवश[5] के जल्वा के कुर्बान क्यों न हों

परवाने को भी रात न आया नज़र चिराग़

हमपेशा[6] के है सामने अर्ज़े हुनर[7] ज़रूर

जलता है मेरे घर में बतर्जें दिगर[8] चिराग़

क्या ख़ूब रौशनी है कि चेहरे की ताब[9] से

है दाग़ बुलहवस[10] तेरी महफ़िल में हर चिराग़

है शामे इन्तिज़ार तमाशा ए सोख़्तन[11]

जलते हैं ता सुब्ह[12] इधर हम, उधर चिराग़

उस शोला रू ने ताकि पसे मर्ग[13] भी जलूं

जलवाए दुश्मनों से मेरी गोर[14] पर चिराग़

---

1. दिलजला 2. प्याला और घड़ा 3. संसार 4. प्रातःकाल के समय 5. प्रेमिका 6. एक ही काम करने वाले 7. गुण जताना 8. दूसरे ढंग से 9. चमक 10. कामी व्यक्ति के घाव 11. जलने का तमाशा 12. सुबह तक 13. मरने के बाद 14. क़ब्र।

**(77)**

मर्द इश्क़े सतीज़कार[1] है दिल
मलकुल मौत[2] से दो-चार है दिल

बस कि मुश्ताक़े[3] नाज़े यार[4] है दिल
सितम आमोज़ रोज़गार[5] है दिल

ज़ुल्फ़े मुश्की[6] में काहे को रखते
क्या ख़बर थी उन्हें फ़िज़ार[7] है दिल

वस्ले जाना कहां सिवा ए ख़्याल
हम हैं मायूस[8] उम्मीदवार है दिल

देख इफ़राते-ज़ख़्म[9] ओ कसरते दाग़[10]
सीना गुलज़ार ओ लालाज़ार[11] है दिल

बस कि थे हमज़बां गली[12] में तेरे
दिल से मैं मुझसे शर्मसार[13] है दिल

बे दवा दर्द ओ बेवफ़ा है वो शोख़
बे असर आह ओ बेक़रार है दिल

---

1. प्रेम का शत्रु 2. यमदूत 3. उत्सुक 4. प्रेमिका के नखरे 5. संसार को अत्याचार सिखाने वाला 6. सुगन्धित बाल 7. घायल 8. निराश 9. ज़्यादा 10. दोष की अधिकता और कष्ट 11. उपवन और बाग़ीचा 12. शिकायतें 13. लज्जित।

**(78)**

मश्वरा[1] क्या कीजिये चर्खे पीर[2] से
दिन नहीं फिरते किसी तद्बीर से

किस तरह मायूस हूं तासीर से
दम रुके है नाला ए शबगीर[3] से

मेरी वहशत[4] के लिए सहरा ए क़ैस[5]
तंगतर[6] है ख़ाना ए ज़ंजीर[7] से

क्यों न टपके आब[8] जब टपके लहू
बर्क़[9] कटती है तेरी शमशीर से

यूं बनाकर हाले दिल कहना न था
बात बिगड़ी मेरी ही तक़रीर से

अंगलियों में ख़ामा[10] जमकर रह गया
नामा हाए शौक़[11] की तहरीर से

क़हर[12] है फिरना निगाहे यार का
अलअमान[13] इस बाज़गश्ती[14] तीर से

ले गयी जान याद रौनक़ हाए वस्ल[15]
घर मेरा वीरां हुआ तामीर[16] से

ऐ सनम 'मोमिन' हूं आख़िर किस तरह
मुझको तस्की हो तेरी तस्वीर से

---

1. सलाह 2. बूढ़ा आसमान 3. आधी रात का रुदन 4. पागलपन 5. क़ैस का जंगल 6. बहुत संकरा 7. ज़ंजीर की लड़ियां 8. पानी 9. बिजली 10. क़लम 11. प्रेमपत्र 12. प्रलय 13. परमात्मा बचाये 14. लौटकर आने वाला 15. मिलन की रंगीनियों की याद 16. निर्माण।

## (79)

महफ़िल फ़रोज़[1] थी तब ओ ताबे निहां[2] शमा
परवाना जल गया कि नहीं राज़दां शमा

ऐ सोज़े गिरिया[3] आगे तेरी आब ओ ताब[4] के
पानी भरे है जल्वा ए आतिशफ़िशां शमा[5]

सुहबत में एक रात की क्या मह[6] हो गयी
उस बज़्म में सहर को न पाया निशां शमा

पहुंचे तेरी नज़ाकत ओ गरमी को क्या मजाल
हरचन्द मोम ए जिस्म है और शोलए-जां[7] शमा

हैरत फ़ज़ा है हुस्न बहुत क्या अजब[8] अगर
थम जाये तेरी बज़्म में अश्के रवां शमा[9]

गर देख ले रुख़े अर्क आलूदा[10] को तेरे
घुल जाये सोज़े रश्क[11] से तो उस्तख़्वां[12] शमा

---

1. सभा को जलाने वाली 2. छिपी हुई शक्ति और गरमी 3. आंसुओं की जलन 4. शान-शौकत 5. आग बरसाने वाली शमा की चमक 6. व्यस्त 7. आग-जैसे प्राण 8. आश्चर्य 9. शमा के बहते हुए आंसू 10. पसीने ने भरा चेहरा 11. जलन की गरमी 12. हड्डी।

**(80)**

माने ने माने मना तपिश हाए दिल करूं
मैं ग़ैर तो नहीं कि तमाशाए दिल करूं

जान दे दूं, है उस आफ़ते जांसे मुआमला
बस कब तक इन्तिज़ार तक़ाज़ाए दिल[1] करूं

क्योंकर फिरे दिल उससे कहीं क़र्ज़ ओ आरियत[2]
नासेह दिया न था कि मैं दावाए दिल करूं

मैं और वो कूचा[3] ले गया किस जाए[4] जुल्म है
इस पर भी गर शिकायते बेजाए दिल[5] करूं

छुटता है जीते जी कोई ज़ंजीरे ज़ुल्फ़ से
दीवाना हूं कि चारा ए सौदाए दिल[6] करूं

धब्बा लगा है शौक़े सियहकार ज़ुल्फ़[7] का
अल्लाह क्या इलाज सुवैदाए दिल[8] करूं

कहिये जो दर्दे दिल, तो वो कहता है मुझको क्या
मैं क्या तबीब[9] हूं कि मुदावाए दिल[10] करूं

उस बुत[11] का तर्के दीं[12] से नहीं 'मोमिन' एतमाद[13]
क्योंकर न मैं शिकायते इग्वाए दिल[14] करूं

---

1. दिल की मांगें 2. उभार 3. गली 4. जगह 5. दिल की अनुचित शिकायत 6. दिल के पागलपन का इलाज 7. काले बालों का प्रेम 8. दिल का काला धब्बा 9. चिकित्सक 10. दिल का इलाज 11. प्रेमिका 12. धर्म को छोड़ना 13. भरोसा 14. मन को बहकाना।

# (81)

मुझको तेरे अताब[1] ने मारा
या मेरे इज़्तिराब[2] ने मारा

क्या पसन्द आयी अपनी जौरकशी[3]
चर्ख के इन्तिख़ाब[4] ने मारा

ख़ाक उठेंगे ख़ाक से जो यूं ही
तर्के[5] आराम ओ ख़्वाब ने मारा

किस पे मरते हो आप पूछते हैं
मुझे फ़िक्रे जवाब ने मारा

यूं कभी नौजवां न मरता मैं
तेरे अह्दे शबाब[6] ने मारा

'मोमिन' अज़ बस[7] हैं बेशुमार[8] गुनाह
ग़मे रोज़े हिसाब[9] ने मारा

---

1. क्रोध 2. बेचैनी 3. अत्याचार सहना 4. चुनाव 5. छोड़ना 6. युवावस्था 7. अधिक 8. अनगिनत 9. प्रलय का दिन।

## (82)

मुझ पे तूफ़ां उठाये लोगों ने
मुफ़्त बैठे-बिठाये लोगों ने

कर दिये अपने आने-जाने के
तज़्किरे[1] जाए-जाए[2] लोगों ने

वस्ल की बात कब बन आयी थी
दिल से दफ़्तर बनाये लोगों ने

बात अपनी वहां न जमने दी
अपने नक्शे जमाये लोगों ने

सुन के उड़ती-सी अपनी चाहत की
दोनों के होश उड़ाये लोगों ने

बिन कहे राज़[3] हाए पिनहानी[4]
उसे क्योंकर सुनाये लोगों ने

क्या तामाशा है जो न देखे थे
वो तमाशे दिखाये लोगों ने

---

1. चर्चे 2. जगह-जगह 3. भेद 4. छुपे हुए।

**(83)**

मुझे चुप लगी मुद्दआ[1] कहते-कहते
रुके हैं वो क्या जाने क्या कहते-कहते

ज़बां गुंग[2] है इश्क़ में गोश[3] कर[4] है
बुरा सुनते-सुनते भला कहते-कहते

शबे हिज्र में क्या हुजूमे बला[5] है
ज़बां थक गयी मरहबा[6] कहते-कहते

गिला हर्ज़ागर्दी[7] का बेजा न था कुछ
वो क्यों मुस्कुराये बजा कहते-कहते

सद अफ़सोस[8] जाती रही वस्ल की शब
ज़रा ठहर ऐ बेवफ़ा कहते-कहते

चले तुम कहां मैंने तो दम लिया है
फ़साना दिले ज़ार[9] का कहते-कहते

बुरा हो तेरा महरमे राज़[10] तूने
किया उनको रुस्वा[11] बुरा कहते-कहते

सितमहाए गरदूं[12] मफ़ुस्सिल[13] न पूछो
कि सर फिर गया माजरा[14] कहते-कहते

---

1. अभिप्राय 2. गूंगी 3. कान 4. बहरे 5. अनेक मुसीबतें 6. वाह-वाह 7. व्यर्थ घूमने-फिरने की शिकायत 8. अत्यधिक दुःख 9. दुखी दिल की कहानी 10. भेद जानने वाला 11. क्रुद्ध 12. आकाश के अत्याचार 13. विवरण सहित 14. हाल।

**(84)**

मुझे याद आ गयी बस यूं ही उसके क़द ओ क़ामत[1] की
चमन में देखकर कल सर्व[2] मैंने किया क़यामत की

दिया ज़ालिम को दिल, जान ग़ैर को, आराम वहशत को
किसी का शिकवा क्या कीजै, ये ख़ूबी अपनी किस्मत की

सितमपेशा[3] है, बदख़ूं[4] है, सितमगर है, जफ़ाजू[5] है
करूं क्या-क्या शिकायत दोस्तो उस बेमुरव्वत[6] की

जफ़ा का शिकवा अब क्यों, जो किया अच्छा किया उसने
सज़ा है ऐ दिले नादां, उस उल्फ़त, उस मुहब्बत की

---

1. आकार और ऊंचाई 2. एक लम्बा वृक्ष 3. अत्याचारी 4. बुरी आदतों वाला 5. नये-नये अत्याचार तलाश करने वाला 6. जिसे प्यार न हो।

## (85)

मैं अगर आपे से जाऊं[1] तो क़रार आ जाये
पर ये डरता हूं कि ऐसा न हो यार आ जाये

कर ज़रा और भी ऐ जोशे जुनूं[2] ख्वार ओ ज़लील[3]
मुझसे ऐसा हो कि नासेह को भी आर[4] आ जाये

नाम बदबख़ित ए उश्शाक़[5] ख़िजां[6] है बुलबुल
तू अगर निकले चमन से, तो बहार आ जाये

जीते जी ग़ैर को हो आतिशे दोज़ख़[7] का अज़ाब[8]
गर मेरी नाश पे वो शोला अज़ार[9] आ जाये

कुल्फ़ते हिज्र[10] को क्या रोऊ तेरे सामने मैं
दिल जो ख़ाली हो, तो आंखों में ग़ुबार आ जाये

महवे दिलदार[11] हूं किस तरह न हों दुश्मने जां[12]
मुझपे जब नासेह बेदर्द[13] को प्यार आ जाये

ठहर जा जोशे तपिश है तो तड़पना, लेकिन
चारासाज़ों[14] में ज़रा दमे दिलदार आ जाये

---

1. बेहोश हो जाना 2. अत्यधिक पागलपन 3. तुच्छ और अपमानित 4. शर्म 5. प्रेमियों का दुर्भाग्य 6. पतझड़ 7. नरक की आग 8. कष्ट 9. लाल-लाल गालों वाली प्रेमिका 10. विरह का दुःख 11. प्रेमिका में व्यस्त 12. जान का दुश्मन 13. निष्ठुर उपदेशक 14. चिकित्सक।

**(86)**

मैंने तुमको दिल दिया तुमने मुझे रुस्वा[1] किया
मैंने तुमसे क्या किया और तुमने मुझसे क्या किया

कुश्ता ए नाज़े बुतां[2] रोज़े अज़ल[3] से हूं मुझे
जान खोने के लिए अल्लाह ने पैदा किया

रोज़ कहता था-कहीं मरता नहीं-हम मर गये
अब तो ख़ुश हो बेवफ़ा तेरा ही ले कहना किया

सर से शोले उठते हैं, आंखों से दर्या जाए है
शम्आ से ये किसने ज़िक्र उस महफ़िले आरा[4] का किया

रोइये क्या बख़्ते ख़ुफ़्ता[5] को कि आधी रात से
मैं यहां रोया किया और वो वहीं सोया किया

आंख आशिक़ की कोई फिरती है ऐ वादा ख़िलाफ़[6]
देख ले मैं मरते-मरते सूए दर[7] देखा किया

क्या ख़जल[8] हूं अब इलाजे बेक़रारी क्या करूं
धर दिया हाथ उसने दिल पर तो भी दिल धड़का किया

---

1. अपमानित 2. सुन्दरियों के हाव-भाव द्वारा भस्म 3. सृष्टि के आदि से 4. सभा की सजावट
5. रूठा हुआ भाग्य 6. वचन तोड़ने वाला 7. दरवाज़े की ओर 8. लज्जित।

## (87)

याँ जो तू ऐ मेहरवश[1] था जल्वागुस्तर[2] रात को
छुट रही थी क्या हवाई मह[3] के ऊपर रात को

सरसरे[4] आह ओ फ़ुग़ां शोला ज़न[5] तूफ़ाने अश्क[6]
जमा[7] सामाने ख़राबी[8] था मेरे घर रात को

बज़्म दुश्मन में न हो वो नग़्मा[9] गर आती रही
हर फ़ुग़ां के साथ लब पर जान मुज़्तर[10] रात को

रोज़े हिज्रां शबे फ़र्कत न हो क्यों सख़्ततर[11]
गाहे-गाहे[12] दिन को मिलते थे वो अक्सर रात को

रश्क से जलता हूं रोज़ ऐ शम्_आ बारे आम[13] में
दिन को है मुझ पर वही सदमा जो तुझ पर रात को

क्या कहूं तुम जो न आये क्या क़यामत आ गयी
मेहमां था मेरे घर में रोज़े महशर[14] रात को

---

1. तेजस्वी प्रेमिका 2. विराजमान 3. चांद 4. हवा 5. आग लगाने वाली 6. आंसुओं की बाढ़
7. एकत्रित 8. बरबादी के लक्षण 9. राग 10. कष्ट में पड़े हुए 11. अधिक कठिन 12. कभी-
कभी 13. स्पष्ट रूप से 14. प्रलय का दिन।

**(88)**

यूं है शुआ ए दाग़[1] मेरे दिल के आसपास
हाला[2] हो जिस तरह महे कामिल[3] के आसपास

डूबा जो कोई आह किनारे पे आ गया
तुग़यान बहे इश्क़[4] है साहिल के आसपास

ये ग़ैरते वफ़ा[5] का असर है कि बुलहवस[6]
बिस्मिल[7] तड़पते हैं तेरे बिस्मिल के आसपास

क्या-क्या जली है बज़्म में तुझसे न जब फिरे
परवाने-शमा शोला-शमायल[8] के आसपास

है तू ही बेवफ़ा नहीं बावर[9] तो देख ले
गुल जामा-दर[10] हैं गोरे अनादिल[11] के आसपास

काफ़िर[12] है कौन हम में से 'मोमिन' फिरे है तू
का'बे के आसपास, तो मैं दिल के आसपास

---

1. दाग़ की लपटें 2. प्रकाश चक्र 3. पूर्ण चन्द्रमा 4. प्रेम के समुद्र की बाढ़ 5. निष्ठा की लाज 6. वासना के कीड़े 7. घायल 8. जिसका रूप आग की लपटों की भांति हो 9. विश्वास 10. कपड़े पहने हुए 11. बुलबुल की क़ब्र 12. धर्म के शत्रु।

**(89)**

रोया करेंगे आप भी पहरों इसी तरह
अटका कहीं जो आपका दिल भी मेरी तरह

मर चुक कहें कि तू ग़मे हिज़्रां से छूट जाये
कहते तो हैं भले की व, लेकिन बुरी तरह

नै ताब[1] हिज्र में है, न आराम वस्ल में
कम्बख़्त दिल को चैन नहीं है किसी तरह

लगती हैं गालियां भी तेरे मुंह से क्या भली
कुर्बान तेरे फिर मुझे कह ले उसी तरह

पामाल[2] हम न होते फ़क़त[3] जौरे चख़[4] से
आयी हमारी जान पे आफ़त कई तरह

माशूक और भी हैं बता दे जहान में
करता है कौन ज़ुल्म किसी पर तेरी तरह

हूं जाँ बलब[5] बुताने सितमगर[6] के हाथ से
क्या सब जहां में जीते हैं 'मोमिन' इसी तरह

---

1. शक्ति 2. नष्ट होना 3. केवल 4. आसमान का अत्याचार 5. मरने के निकट 6. निष्ठुर प्रेमिकाएं।

## (90)

लगायी आह ने ग़ैरों के घर आग
हुए क्या-क्या वो इतनी बात पर आग

वफ़ूरे अश्क[1] ओ तुग्याने फ़ुग़ां[2] हैं
किधर जाऊं इधर पानी, उधर आग

जलाया आतिशे हिज्रां[3] ने दिल को
तेरे घर में लगी ऐ बेख़बर आग

वहां ताबे रुख़[4] व यां आतिशे दिल[5]
जिधर देखो उधर है जल्वागर[6] आग

धुआं उठता है दिल से वक्ते गिरिया[7]
बुझा दी तूने क्या ऐ चश्मेतर[8] आग

---

1. आंसुओं की अधिकता 2. बहुत अधिक रोना 3. विरह की आग 4. मुख की चमक 5. हृदय की आग 6. विराजमान 7. रोते समय 8. भीगी आंख।

## (91)

लाश पर आने को शोहरत शबे ग़म[1] देते हैं
ऐ परी! हम मलिकुल मौत[2] को दम[3] देते हैं

कर दिया ख़ाना ए अग़्यार हवसनाक[4] ख़राब
दाद[5] रोने की मेरे दीदा ए नम[6] देते हैं

दम न ले ऐ असरे आह[7] कि मालूम हुआ
जिन पे दम देते हैं हम, वो हमें दम देते हैं

क्या दवा से हो तेरी रंजिशे हरदम[8] का इलाज
चारागर[9] क्यों मुझे रंजे पैहम[10] देते हैं

क्या पड़ी रहती है ऐ परदानशीं जूं बीमार
बददुआएं तेरे चिलवन को जो हम देते हैं

लज़्ज़ते ज़ोरकशी[11] ने मुझे शरमिन्दा किया
ताने क्या-क्या उसे अर्बाबे सितम[12] देते हैं

अह्ले बाज़ार मुहब्बत का भी क्या सौदा है
इशरते उम्रे अबद[13] क़ीमते ग़म देते हैं

---

1. दुःख की रात 2. यमदूत 3. लालच देना 4. कामुक शत्रुओं के घर 5. प्रशंसा 6. भीगी आंखें
7. आह का असर 8. हर समय का कुढ़ना 9. चिकित्सक 10. निरन्तर दुःख 11. अत्याचार
सहने का स्वाद 12. अत्याचारी 13. सम्पूर्ण जीवन की प्रसन्नता।

## (92)

वस्ल की शब शाम से मैं सो गया
जागना हिज़्रां का बला हो गया

दिल न फिरा जान ही ठहरे ख़ुदा
ये तो न जाये कहीं, वो तो गया

आईना जल्दी से पटक दो कहीं
दिल है कि नहीं हाथ से देखो गया

ताला ए बरगशता मेरे क्या फिरें
मुल्के अदम से न फिरा जो गया

साथ न चलने का बहाना तो देख
आ के मेरी नाश पे वो रो गया

शोखिए क़ातिल के मैं क़ुर्बान हूं
कहते रहे सब ये गया वो गया

हाय सनम हाय सनम लब पे क्यों
खैर है 'मोमिन' तुम्हें क्या हो गया

वादा ए विसलत¹ से दिल हो शाद क्या
तुमसे दुश्मन को मुबारकबाद क्या

कुछ क़ुस में इन दिनों लगता है जी
आशियां अपना हुआ बरबाद क्या

हैं असीर[2] उसके जो है अपना असीर

हम न समझे सैद[3] क्या, सैयाद[4] क्या

जब मुझे रंजे दिल आज़ारी[5] न हो

बेवफ़ा फिर हासिले बेदाद[6] क्या

क्या करूं अल्लाह सब हैं बेअसर

वलवला[7] क्या, नाला[8] क्या, फ़रियाद क्या

इन नसीबों पर किया अख़्तर शनास[9]

आसमां भी है सितमईजाद[10] क्या

---

1. मिलन का वादा 2. बन्दी 3. शिकार 4. शिकारी 5. दिल दुखाना 6. अत्याचार से लाभ 7. जोश 8. रोना 9. ज्योतिषी 10. अत्याचारी।

**(93)**

वो चला, जान चली, दोनों यहां से खिसके
उसको थामूं कि उसे पांव पड़ूं किस-किसके

पांव तुर्बत[1] पे मेरी देख संभलकर रखना
चूर है शीशा ए दिल संगे सितम[2] से पिस के

किस परी रू ए सितमगर[3] से मिला दिल अफ़सोस
किस पे दीवाना हुआ होश गये हैं इसके

बख़्त परवाना[4] से क़ुर्बान[5] अदू हों यानी
आग बन जाये है वो, गिर्द[6] फिरूं मैं जिसके

नाला ए रश्क[7] न हो बाइसे दर्द सरे मर्ग[8]
ग़ैर के सर पे लगाता है वो सन्दल घिस के

लज़्ज़ते मर्ग[9] से हिज़्रां में दुआ है कि ख़ुदा
ये मज़ा हो न नसीबों में किसी अनजिस[10] के

क्यों न हम शम्आ के मानिन्द जलें दूरदखड़े
जब अदू[11] बाइसे गरमी[12] हों तेरी मजलिस के

---

1. क़ब्र 2. अत्याचार का पत्थर 3. परी-जैसी अत्याचारी प्रेमिका 4. पतंगे का भाग्य 5. न्योछावर 6. चारों ओर 7. ईर्ष्या के कारण रोना 8. मौत की चिन्ता का कारण 9. मरने की ख़ुशी 10. बेशर्म 11. शत्रु 12. चहल-पहल का कारण।

**(94)**

वो जो हम में तुम में क़रार था, तुम्हें याद हो कि न याद हो
वही यानी वादा निबाह का, तुम्हें याद हो कि न याद हो

वो जो लुत्फ़[1] मुझ पे थे बेश्तर[2] वो करम[3] कि था मेरे हाल पर
मुझे सब है याद ज़रा-ज़रा, तुम्हें याद हो कि न याद हो

वो नये गिले, वो शिकायतें, वो मज़े-मज़े की हिकायतें[4]
वो हर एक बात पे रूठना, तुम्हें याद हो कि न याद हो

कभी बैठे सब में जो रू ब रू[5] तो इशारतों ही में गुफ़्तगू[6]
वो बयान शौक़ का बरमला[7] तुम्हें याद हो कि न याद हो

---

1. कृपा 2. पहले 3. कृपा 4. आमने- सामने 5. बातचीत 6. सबके सामने 7. खुल्लमखुल्ला

**(95)**

वो हंसे सुन के नाला[1] बुलबुल का
मुझे रोना है ख़न्द ए गुल[2] का

लाश किसकी है ये अदू[3] से न पूछ
मैं हूं कुश्ता[4] तेरे तजाहुल[5] का

हाल साक़ी[6] से कह के रोता हूं
कि मुहर्रिक[7] है ख़न्दा कुलकुल[8] का

नकहत[9] उस ज़ुल्फ़[10] की सबा[11] में न हो
उड़ गया रंग बू ए सुम्बुल[12] का

जल्वा[13] दिखलाये ना[14] वो पर्दानशीं
मैंने दावा किया तहम्मुल[15] का

नाला ए शब ने ये हवा बांधी
हो गया गुल चिराग़ बुलबुल का

---

1. कराह 2. फूल की हंसी 3. विपक्षी 4. मरा हुआ 5. अज्ञान 6. मधुबाला 7. प्रेरक 8. कुलकुल की आवाज़ जो बोतल से शराब उड़ेलते समय होती है 9. सुगन्ध 10. केश 11. हवा 12. फूल की सुगन्ध 13. रूप 14. जब तक 15. सहनशीलता।

# (96)

शब[1] गमे फर्कत[2] हमें क्या-क्या मज़े दिखलाये था
दम[3] रुके था सीने में कम्बख़्त जी घबराये था

या तो दम[4] देता था वो या नामाबर[5] बहकाये था
थे ग़लत पैग़ाम[6] सारे कौन यां[7] तक आये था

कोई दिन तो उस पे क्या तस्वीर का आलम[8] रहा
हर कोई हैरत[9] का पुतला देखकर बन जाये था

सू ए सहरा[10] ले चले उस कू[11] से मेरी नाश हाय
था यही डर उन दिनों तलवा मेरा खुजलाये था

---

1. रात 2. वियोग का दुःख 3. सांस 4. धोखा 5. पत्रवाहक 6. सन्देश 7. यहां 8. स्थिति 9. आश्चर्य 10. जंगल की ओर 11. गली।

**(97)**

शब तुम जो बज़्मे ग़ैर में आंखें चुरा गये
खोये गये हम ऐसे कि अग्यार पा गये

पूछा किसी पे मरते हो और दम निकल गया
हम जान से अना[1] ब अनाने सदा गये

उल्ला न जोफ़[2] से गुले दाग़े जुनूं[3] का बोझ
क़ारूं[4] की तरह हम भी ज़मीं में समा गये

ताबन्दा[5] ओ जवान तो बख़्ते रक़ीब[6] थे
हम तैरा रोज़[7] क्यों गमे हिज्रां[8] को भा गये

वाइज़[9] के जिक्र मेरे क़यामत[10] को क्या कहूं
आलम शबे विसाल[11] के आंखों में छा गये

ऐ 'मोमिन' आप कब से हुए बन्दा ए बुतां[12]
बारे[13] हमारे दीन[14] में हज़रत भी आ गये

---

1. कष्ट 2. कमज़ोरी 3. पागलपन का फूलरूपी दाग़ 4. एक धनवान् व्यक्ति का नाम 5. चमकते हुए 6. शत्रुओं के भाग्य 7. अभागे 8. विरह का दुःख 9. उपदेशक 10. प्रलय के दिन का सूरज 11. मिलन-रात्रि का वातावरण 12. प्रेमिकाओं के सेवक 13. अन्त में 14. धर्म।

**(98)**

शब जो वो सो रहे मेरे पास आके ख़्वाब में
जागे थे बख़्त खुफ़्ता तमन्ना[1] के ख़्वाब में

आंखों को बन्द करके वहीं खोल दे गर आये
यूसुफ़ किसी के मढ़े तमाशा[2] के ख़्वाब में

काबूस[3] हैं बताते मुझे वां तो रश्क है
काश और कोई आये अतिब्बा[4] के ख़्वाब में

वो है बग़ल में तो भी तो यां नींद उड़ गयी
ये सोच है गया न हो आदा[5] के ख़्वाब में

इन नाला हाए शब[6] का असर सुबह देखियो
आया ख़लल[7] गर उस सितमआरा[8] के ख़्वाब में

नैरंग इश्क़[9] से न हो ग़ाफ़िल है एक रंग
इस दिल के जागने में ज़ुलैख़ा[10] के ख़्वाब में

रहता है ध्यान देखते हो जब मुझे नहीं
क्यों चौंक-चौंक पड़ते हो घबरा के ख़्वाब में

उसकी गली है नाला ए ज़ंजीर[11] गुल[12] न कर
यां पांव जागते हैं कोई जा के ख़्वाब में

---

1. सोई हुई इच्छाओं के भाग्य 2. देखने में व्यस्त 3. एक भयंकर बीमारी 4. चिकित्सक 5. शत्रु 6. रात के क्रन्दन 7. विघ्न 8. अत्याचारी 9. प्रेम की अनेकता 10. एक प्रेमिका का नाम 11. ज़ंजीर का शोर 12. शोर-शराबा।

## (99)

सद हैफ़ सीना सोज़े फ़ुग़ां कारगर हो
यां जान पर बने, तेरे दिल पर असर न हो

हूं ख़ानमां ख़राब[1] सितम से ज़्यादातर
ऐसा न हो कि अब भी तेरे दिल में घर न हो

ऐ गर्दिशे ज़माना[2] कभी तो तग़य्युर[3] आये
हसरत मुझे क़बूल अगर इस क़दर न हो

सौदा[4] है मुझको गर्मि ए बाज़ारे इश्क़[5] का
इसका कहां ख़याल कि अपना ज़रर[6] न हो

हिज़्नो मलाल[7] में है दिले आज़ुर्दगी[8] का वहम[9]
केसी बुरी बने जो गिला बेअसर न हो

हैं आरज़ू से मर्ग[10] की बे इल्तिफ़ातियां[11]
जीना मेरा मुहाल तू दुश्मन अगर न हो

सोते से उठकर आये हैं यारब न जायें वो
शर्मिन्दा आहे शब[12] से दुआ ए सहर[13] न हो

'मोमिन' हुआ रक़ीब[14] हज़राए[15] ऐ सनमपरस्त[16]
ऐसे से डरिये, जिससे ख़ुदा का भी डर न हो

---

1. बुरी दशा में 2. कालचक्र 3. परिवर्तन 4. पागलपन 5. प्रेम का उत्साह 6. हानि 7. दुःख-दर्द
8. दिल तोड़ना 9. भ्रम 10. मौत 11. लापरवाही 12. रात की व्यथा 13. प्रातःकाल की
प्रार्थना 14. प्रतिद्वन्द्वी 15. परहेज़ करना 16. प्रेमी।

# (100)

सब्रे वहशत असर न हो जाये
कहीं सहरा भी घर न हो जाये

हिज्रे परदानशीं[1] में मरते हैं
ज़िन्दगी परदादर[2] न हो जाये

कसरते सिज्दा[3] से वो नक़्शे क़दम[4]
कहीं पामाँ सर[5] न हो जाये

मेरे तग़य्युरे रंग[6] को मत देख
तुझको अपनी नज़र न हो जाये

मेरे आंसू न पोंछना देखो
कहीं दामाँ तर[7] न हो जाये

बात नासेह से करते डरता हूं
कि फ़ुग़ां[8] बेअसर न हो जाये

ऐ क़यामत न आइयो जब तक
वो मेरी ग़ौर पर न हो जाये

ग़ैर से बेहिजाब मिलते हो
शबे आशिक़[9] सहर[10] न हो जाये

ऐ दिल आहिस्ता आह ताबे शिकन[11]
देख टुकड़े जिगर न हो जाये

---

1. परदे में रहने वाली का विरह 2. परदा फाड़ने वाली 3. अधिक सिर झुकाना 4. पैरों के चिन्ह 5. सिर के द्वारा बरबाद होना 6. रंग बदलना 7. अपराधी होना 8. रोना 9. प्रेमी की रात 10. प्रातःकाल 11. शक्ति नष्ट करने वाली आह।

## (101)

सौदा था बलाये जोश पर रात
बिस्तर पर बिछाये निश्तर रात

अफ़साना[1] समझ के सो गये वो
काम आयी फ़ुग़ाने बेअसर[2] रात

तारे आंखें झपक रहे थे
था बाम पे कौन जल्वागर[3] रात

क्या पूछो हो मुनकिर ओ नकीर[4] आह
बिगड़े जो वो ताने ग़ैर पर रात

ये बात बढ़ी कि मर गये हम
मौत आयी थी क़िस्सा मुख़्तसर[5] रात

उस घर में है ऐशे ख़ुल्द[6] 'मोमिन'
क्या जाने कहां है दिन, किधर रात

---

1. कहानी 2. प्रभावहीन रोना 3. विराजमान 4. दो फ़रिश्तों के नाम 5. संक्षेप में 6. स्वर्ग का आनंद।

# (102)

हम समझते हैं आज़माने को
उज़्र[1] कुछ चाहिए सताने को

सुबहे इशरत[2] है, न वो शामे विसाल[3]
हाय क्या हो गया ज़माने को

बुलहवस[4] रोये मेरे गिरिया[5] पे अब
मुंह कहां तेरे मुस्कुराने को

बर्क़[6] का आसमां पर है दिमाग़
फूंककर मेरे आशियाने को

रोज़े महशर[7] भी होश गर आया
जायेंगे हम शराबख़ाने को

कोई दिन हम जहां में बैठे हैं
आसमां के सितम उठाने को

चल के काबे में सिज्दा कर 'मोमिन'
छोड़ उस बुत[8] के आस्ताने[9] को

---

1. बहाना 2. सुख का प्रातःकाल 3. मिलन की शाम 4. वासना का कीड़ा 5. आंसू 6. बिजली 7. प्रलय का दिन 8. प्रेमिका 9. चौखट।

**(103)**

हर गुंचा-लब[1] से इश्क़ का इज़हार[2] है ग़लत

इस मुबहिसे सही[3] की तक़रार[4] है ग़लत

कहना पड़ा दुरुस्त कि इतना रहे लिहाज़

हरचन्द[5] वस्ले ग़ैर[6] का इनकार है ग़लत

करते हैं मुझसे दावा ए उल्फ़त[7] वो क्या करें

क्योंकर कहें मक़ूला ए अग़्यार[8] है ग़लत

ये गरमजोशियां[9] तेरी गो[10] दिल से हों वले[11]

तासीर नाला हाए शररबार[12] है ग़लत

करते हो मुझसे नाज़ की बातें तुम इस तरह

गोया कि क़ौल महरमे असरार[13] है ग़लत

उठ जा कहां तलक कोई बातें उठायेगा

नासेह तू ख़ुद ग़लत, तेरी गुफ़्तार है ग़लत

था रब्ते ग़ैर[14] में मेरे मरने का इन्तज़ार

है शोख़ बेवफ़ा तू वफ़ादार है ग़लत

---

1. कली-जैसे होठों वाली 2. स्पष्टीकरण 3. उचित वाद-विवाद 4. लड़ाई 5. यद्यपि 6. दूसरों का मिलन 7. प्रेम की मांग 8. ग़ैरों का कहना 9. उत्साह 10. यद्यपि 11. लेकिन 12. आग बरसाने वाला क्रन्दन 13. भेद छिपाने वालों की वास्तविकता 14. दूसरों से सम्बन्ध।

**(104)**

हरदम रहीने कशमकशे दस्ते यार हैं
चिलवन के बन्द किसके गरेबां के तार हैं

क्या कीजिये कि ताक़ते नज़्ज़ारा[1] ही नहीं
जितने वो बेहिजाब[2] हैं, हम शर्मसार[3] हैं

उम्र दराज़[4] की है रक़ीबों[5] को आरज़ू[6]
देखो ज़माने हिज्र के उम्मीदवार हैं

छाती से मैं लगाये रखूं क्यों न रात-दिन
ये दाग़ ज़ख्मे दिल के मेरे यादगार हैं

क्योंकर न रहम हाल पे आये शबे विसाल
अन्दोह ओ दर्द[7] रोज़ मुसीबत के यार हैं

कैसे गिले रक़ीब के क्या तानेए अक़रबा[8]
तेरा ही जी न चाहे, तो बातें हज़ार हैं

---

1. देखने की शक्ति 2. लज्जाहीन 3. लज्जित 4. लम्बी आयु 5. प्रतिद्वन्द्वी 6. इच्छा 7. दुःख और कष्ट 8. मित्रों की शिकायतें।

**(105)**

हुई तासीर[1] आहोज़ारी[2] की
रह गयी बात बेक़रारी की

शिकवा ए दुशमनी करें किससे
वां शिकायत है दोस्तदारी की

मुब्तिला ए शबे फ़िराक़[3] हुए
ज़िद से हम तैरा रोज़गारी[4] की

याद आयी जो गर्मजोशिए[5] यार
दीदा ए तर[6] ने शोलाबारी[7] की

यास देखो कि ग़ैर से कह दी
बात अपनी उमीदवारी की

क्या मुसलमां हुए ऐ 'मोमिन'
हासिल उस बुत से शर्मसारी की

---

1. प्रभाव 2. रोना-चिल्लाना 3. विरह की रात में उलझा हुआ 4. ज़माने का अंधेरापन 5. उत्साह 6. भीगी हुई आंख 7. निराशा।

# (106)

है जल्वा रेज़[1] नूरे नज़र[2] गर्दे राह[3] में
आंखें हैं किसकी फ़र्श[4] तेरी जल्वागाह[5] में

क्या रहम खा के ग़ैर ने दी थी दुआए वस्ल
ज़ालिम कहां वगरना असर मेरी आह में

जाने दे चारागर[6] शबे हिज्रां में मत बुला
वो क्यों शरीक हो मेरे हाले तबाह में

ज़ालिम वो बेवफ़ा है अदू जिसके रश्क से
इतना कुछ आ गया ख़लल[7] अपने निबाह में

इस मुंह पे उससे दावा ए हुस्न इक ज़रा नहीं
ऐ मेहरे[8] रौशनी मेरे रोज़े सियाह[9] में

है दोस्ती, तो जानिबे दुश्मन न देखना
जादू भरा हुआ है तुम्हारी निगाह में

'मोमिन' को सच है, दौलते दुनिया ओ दी नसीब
शब बुतकदा में गुज़रे है, दिन ख़ानक़ाह[10] में

---

1. प्रकाश फैलाने वाली 2. आंख की रौशनी 3. रास्ते की धूल 4. बिछी हुई 5. दर्शन देने का स्थान 6. चिकित्सक 7. विघ्न 8. सूर्य 9. बुरे दिन 10. साधुओं के रहने का स्थान।

**(107)**

है दिल में ग़ुबार उसके घर अपना न करेंगे
हम ख़ाक में मिलने की तमन्ना न करेंगे

तौबा है कि हम इश्क़ बुतों का न करेंगे
वो करते हैं अब, जो न किया था, न करेंगे

नासेह क्फे अफ़सोस[1] न मल चल तुझे क्या काम
पामाल[2] करेंगे वो मुझे या न करेंगे

उस कू[3] में ठहरने न दिया जोशे क़लक़[4] ने
अग़यार[5] से हम शिकवा ए बेजा[6] न करेंगे

गर ज़िक्रे वफ़ा[7] से यही गुस्सा है तो अब से
गो क़त्ल का वादा हो तक़ाज़ा[8] न करेंगे

ठहरी है कि ठहरायेंगे[9] ज़ंजीर से दिल को
पर बरहमी ए ज़ुल्फ़ का सौदा न करेंगे

गर आरज़ूए ए वस्ल[10] ने बीमार किया तो
परहेज़ करेंगे, पर मदावा[11] न करेंगे

लेकिन जो बुतों ने ही भला आपसे की बात
फिर आप ही फ़र्माएं कि क्या-क्या न करेंगे

ऐ हज़रते 'मोमिन' ये मुसल्लम[12] जो है इरशाद[13]
भूले से भी अब ज़िक्र बुतों का न करेंगे

---

1. खेद से हथेली मलना 2. बरबाद 3. गली 4. बहुत दुःख 5. पराये लोग 6. झूठी शिकायत
7. प्रेम की चर्चा 8. मांगना 9. बांधेंगे 10. मिलने की इच्छा 11. उपचार 12. स्वीकृत 13.
आदेश।

**(108)**

हैं निगाहे लुत्फ़[1] दुश्मन पर तो बन्दा जाये है
ये सितम ऐ बेमुरव्वत किससे देखा जाये है

सामने से जब वो शोख़ दिलरुबा[2] आ जाये है
थामता हूं पर ये दिल हाथों से निकला जाये है

हाले दिल क्योंकर कहूं मैं किससे बोला जाये है
सर उठे बालीं[3] से क्या कुछ जी ही बैठा जाये है

जां न खा वस्ले अदू[4] सच ही सही, पर क्या करूं
जब गिला करता हूं हमदम[5] वो क़सम खा जाये है

रश्के दुश्मन[6] ने बना दी जान पर ऐ बेवफ़ा
कब तलक कोई न बिगड़े, हाल बिगड़ा जाये है

तल्ल कामे इश्के शीरीं लब[7] जिये, तो क्या हुआ
शोर बख़्ती[8] से मज़ा ही ज़िन्दगी का जाये है

---

1. कृपा-दृष्टि 2. चंचल प्रेमिका 3. सिरहाने 4. शत्रु का मिलन 5. साथी 6. शत्रु से जलन 7. मीठे होठ वाली प्रेमिका के प्रेम में असफल 8. दुर्भाग्य।

## (109)

हो न बेताब अदा तुम्हारी आज
नाज़[1] करती है बेक़रारी आज

उड़ गया ख़ाक[2] पर का ग़ुबार[3] अपना
हो गयी ख़ाक ख़ाकसारी आज

तेरे आते ही दम में दम आया
हो गयी यास[4] उम्मीदवारी आज

इक नयी आरज़ू का ख़ून हुआ
हम हैं और ताज़ा सोगवारी[5] आज

बेकसी क्यों है ना'श पर मजमा
क्या हुई तू मेरी प्यारी आज

---

1. नखरे 2. आसमान 3. धूल 4. निराशा 5. दुःख।

## (110)

बेमुरव्वत, नातवां-बी, हंस दे रोता देखकर
दिल दिया मैंने उसे, क्या जानिए, क्या देखकर

चश्मे-नरगिस बद नज़र है और गुल बे-ऐतबार
बेवफ़ा सैरे-गुलिस्तां क्या करेगा देखकर

याद आया सू-ए-दुश्मन उसका जाना गर्म-गर्म[1]
पानी-पानी हो गया मैं मौजे-दरिया[2] देखकर

मैं न मानूंगा कि चश्मे-आबला[3] बेदीद[4] है
यह न देखे रू-ए-ग़ैर[5] अपने कफ़े-पा[6] देखकर

फिर गई आंखों के आगे उसकी चश्मे-शरमग़ीं[7]
फिर गई आंखें मेरी नरगिस का झुकना देखकर

क्यों न घबराए वह मैं घबरा गया ब-लबे-हुजूम[8]
हसरतें आती हैं क्या-क्या उसको तनहा देखकर

सब सितम-हाये-निहां[9] नज़रों में थे नासेह[10] न पूछ
क्या कहूं मैं ग़श हुआ क्या सोचकर क्या देखकर

कर लिया ख़ाक आपको उस बुत के दर पर हाय-हाय
जल गया जो लाश को 'मोमिन' को जलता देखकर

---

1. ख़ुशी-ख़ुशी, 2. नदी का बहाव, 3. फफोले की आंख, 4. अंधी, 5. दूसरों का चेहरा, 6.
पैरों के तलवे, 7. शरमीली आंखें, 8. भीड़ में, 9. छिपे हुए अत्याचार, 10. उपदेशक।

**(111)**

मह्व[1] मुझ सा दमे नज़्ज़ारा-ए-जानां[2] होगा।
आईना आईना देखेगा तो हैरां होगा

ऐसी लज़्ज़त[3] ख़लिशे-दिल[4] में कहां होती है
रह गया सीने में उसका कोई पैकां[5] होगा

बोसा-हाये-लबे-शीरीं[6] के मज़ामीं[7] में न क्यों
लफ़्ज़ से लफ़्ज़[8] मेरे शे'र का चस्पां[9] होगा।

कह सुनाते हो कि है हिज्र में जीना मुश्किल
तुमसे बेरहम पे मरने से तो एहसां होगा

क्योंकर उम्मीदे-वफ़ा[10] से हो तसल्ली दिल को
फ़िक्र है यह कि वह वादे से पशेमां[11] होगा

आख़िर उम्मीद ही से चारा-ए-हरमां[12] होगा
मर्ग[13] की आस पे जीना शबे-हिज्रां होगा

बात करने में रक़ीबां[14] से अभी टूट गया
दिल भी शायद उसी बद-अहद[15] का पैमां होगा

---

1. तल्लीन, 2. प्रेमिका के दर्शन के समय, 3. आनन्द, 4. दिल की चुभन, 5. बाण, 6. मीठे होंठों का चुम्बन, 7. सम्बंधित लेख, 8. शब्द, 9. चिपका हुआ, 10. प्रेम की आशा, 11. लज्जित, 12. दुख का अंत, 13. मृत्यु, 14. प्रतिद्वन्द्वी, 15. वचन का कच्चा।

**(112)**

फिर वह वहशत के ख़यालात हैं सर में फिरते
दश्त[1] याद आते हैं आहू[2] हैं नज़र में फिरते

वाह ऐ ताला-ए-बरगश्ता[3] कि वह फिर ही गया
आनकर देख मुझे राह-गुज़र[4] में फिरते

फिरते दिन अपने तो ग़ैरों की तरह रातों को
कैसे हम कूचा-ए-हमताब-क़मर[5] में फिरते

मुंतज़िर[6] किसके यह रहते हैं कि हम हर शब को
ता-सहर[7] शाम से उठ के, हैं घर में फिरते

है ज़बां बन्द असरे-दिल से शबे-वस्ल में और
फ़िक्र सौ-सौ हैं दिले-मुर्गे-सहर[8] में फिरते

एक दम[9] गर्दिशे-अय्याम[10] से आराम नहीं
घर में हैं तो भी हैं दिन-रात सफ़र में फिरते

ज़र्द-रुख़[11] रंग-तिलाई[12] के हुए दीवाने
कीमिया-साज़[13] भी हैं ख़्वाहिशे-ज़र[14] में फिरते

---

1. जंगल, 2. हिरन, 3. फूटे भाग्य, 4. रास्ता, 5. चांदनी से चमकने वाली गलियां, 6. प्रतीक्षक, 7. सुबह तक, 8. सुबह के पक्षी की भांति मन, 9. क्षण, 10. कालचक्र, 11. पीला चेहरा, 12. सुनहरा रंग, 13. सोना बनाने वाले, 14. सोने का लालच।

## (113)

बहरे-अयादत[1] आए वह लेकिन क़ज़ा[2] के साथ
दम ही निकल गया मेरा आवाज़े-पा के साथ

बे-परदा ग़ैर पास उसे बैठा न देखते
उठ जाते काश हम भी जहां से हया के साथ

वह लाला-रू[3] गया न हो गुलगश्ते-बाग़ को
कुछ रंगो-बू-ए-गुल के एवज़[4] है सबा के साथ

आती है बू-ए-दाग़े-शबे-तार[5] हिज्र में
सीना भी चाक हो न गया हो क़बा[6] के साथ

थे वादे से फिर आने के ख़ुश वह ख़बर न थी
है अपनी ज़िन्दगानी उसी बेवफ़ा के साथ

अल्ला री गुमरही[7] बुत-ओ-बुतख़ाना छोड़कर
'मोमिन' चला है का'बे को इक पारसा[8] के साथ

---

1. हाल पूछने के लिए, 2. मृत्यु, 3. लाला के फूल की तरह, 4. बदले में, 5. अंधेरी रात के कष्टों की याद, 6. कपड़ा, 7. पथ भ्रष्टता, 8. साधु।

**(114)**

दफ़न जब ख़ाक में हम सोख़्ता-सामां होंगे
फ़ल्स माही के गुले-शम्अ, शबिस्तां होंगे

करके ज़ख़्मी मुझे नादिम[1] हों यह मुमकिन ही नहीं
गर वह होंगे भी तो बे-वक़्त पशेमां[2] होंगे

की एक हम हैं कि हुए ऐसे पशेमां कि बस
एक वह हैं कि जिन्हें चाह के अरमां होंगे

हम निकालेंगे सुन ऐ मौजे-हवा[3] बल[4] तेरा
उसकी ज़ुल्फ़ों के अगर बाल परेशां होंगे

सब्र या-रब[5] मेरी वहशत[6] का पड़ेगा कि नहीं
चारा-फ़रमा[7] भी कभी कैदी-ए-ज़िन्दां[8] होंगे

---

1. शर्मिंदा, 2. लज्जित, 3. हवा की लहरें, 4. ऐंठ, 5. हे ईश्वर, 6. पागलपन, 7. उपचार करने
वाल, 8. क़दखान कतदा।

## (115)

मिन्नते-हज़रते-ईसा[1] न उठाएंगे कभी
ज़िन्दगी के लिए शर्मिन्दा-ए-एहसां[2] होंगे

दाग़े-दिल निकलेंगे तुरबत[3] से मेरी चूं-लाला[4]
यह वह अख़गर[5] नहीं जो ख़ाक में पिनहीं[6] होंगे

चाक-परदा[7] से यह ग़मज़े[8] हैं तो ऐ परदानशीं
एक मैं क्या कि सभी चाक-गरेबां होंगे

फिर बहार आई वही दश्त-नवर्दी[9] होगी
फिर वही पांव वही ख़ारे-मुग़ीला[10] होंगे

संग[11] और हाथ वही, वह ही सर-ओ-दाग़े-जुनूं
वह ही हम होंगे, वही दश्त-ओ-बयाबां[12] होंगे

---

1. ईसा मसीह का एहसान, 2. एहसानों से दबे हुए, 3. क़ब्र, 4. लाला के फूल की तरह, 5. चिनगारी, 6. छिपे हुए, 7. परदा तोड़कर, 8. इशारे, 9. जंगल में मारा-मारा फिरना, 10. बबूल के कांटे, 11. पत्थर, 12. वीरान और जंगल।

## (116)

किस ज़ब्त पर शरार-फ़िशां[1] है फ़ुग़ाने-शमा[2]
इक बर्क़[3] थी जो लाल[4] न होती ज़बाने-शमा

दिल गर्मि-ए-फ़रेब[5] पे भी मैं निसार हूं
परवाना क्या मजाल करे इम्तिहाने-शमा

रोशन है अहले-बज़्म[6] पे शिकवा[7] नसीम का
इस बहकती ज़बां पे देखो बयाने-शमा

मुझ बेगुनह के क़त्ल में क्यों सोच देख ले
बिन बोले लोग करते हैं क़ता[8] ज़बाने-शमा

सब गर्मि-ए-नफ़स[9] की हैं आज़ा-गुदाज़ियां[10]
देखो न ज़िन्दगी है सरापा[11] ज़बाने-शमा

उसको भी कोई परदा-नशीं ही जलाए है
फ़ानूस से सुना है यह राजे-निहांने-शमा[12]

---

1. आग बरसाने वाली, 2. दीपक का रुदन, 3. बिजली, 4. गूंगी, 5. दिखावटी उत्साह, 6. संसार वाले, 7. शिकायत, 8. काटना, 9. सांस की गरमी, 10. शरीर को कष्ट पहुंचाना, 11. सिर से पैर तक, 12. दीपक का छिपा हुआ भेद।

## (117)

सब्रे-वहशत असर न हो जाए
कहीं सहरा भी घर न हो जाए

हिज्रे-परदानशीं[1] में मरते हैं
ज़िन्दगी परदा-दर[2] न हो जाए

कसरते-सिजदा[3] से वह नक्शे-क़दम[4]
कहीं पामाल-सर[5] न हो जाए

मेरे तग़य्युरे-रंग[6] को मत देख
तुझको अपनी नज़र न हो जाए

मेरे आंसू न पोंछना देखो
कहीं दामान-तर[7] न हो जाए

---

1. परदे में रहने वाली के विरह, 2. परदा फाड़ने वाली, 3. अधिक सिर झुकाना, 4. पैर के निशान, 5. सिर के द्वारा बरबाद होना, 6. रंग बदलना, 7. अपराधी होना।

**(118)**

बात नासेह से करते डरता हूं
कि फ़ुग़ां[1] बे-असर न हो जाए

ऐ क़यामत न आइयो जब तक
वह मेरी गोर पर न हो जाए

मन्अ--ए-ज़ुल्म[2] है तग़ाफ़ुले-यार[3]
बख़्त-बद[4] को ख़बर न हो जाए

ग़ैर से बेहिजाब मिलते हो
शबे-आशिक़[5] सहर[6] न हो जाए

ऐ दिल, आहिस्ता आह-ताबे-शिकन[7]
देख टुकड़े जिगर न हो जाए

---

1. रोना, 2. अत्याचार को रोकना, 3. प्रेमिका की लापरवाही, 4. दुर्भाग्य, 5. प्रेमी की रात, 6. सुबह, 7. ताक़त तोड़ने वाली आह।

क्यों बनी ख़ूनाबा-नोशी[1] बादाख़्वारी[2] आपकी
किसलिए है बेख़ुदी[3] ग़फ़लत-शिआरी[4] आपकी

क्यों रमे-जानानां[5] के बदले है अज़-ख़ुदरफ़्तगी[6]
किसलिए शोख़ी[7] हुई है बेक़रारी[8] आपकी

बू-ए-गुल[9] से हो मुकद्दर[10] किसकी बू आई है याद
ख़ाक उड़ाने क्यों लगी बादे-बहारी आपकी

मुझको हैरां देखकर हैरान रह जाते हो क्यों
ऐसी महवे-यास[11] है उम्मीदवारी आपकी

क्यों है रंगे-ज़र्द[12] पर गुलगूना[13] अश्के-सुर्ख़[14] का
किसलिए मिलने लगी रंगत हमारी आपकी

किस सनम[15] की बन्दगी में बुत-परस्ती[16] छोड़ दी
हो गई 'मोमिन' की सी क्यों दीनदारी[17] आपकी

---

1. ख़ून पीना, 2. शराब पीना, 3. मस्ती, 4. लापरवाही, 5. प्रेमिका की घृणा, 6. मस्ती से, बेहोशी से, 7. चंचलता, 8. बेचैनी, 9. फूल की सुगंध, 10. गंदा, 11. निराशा में व्यस्त, 12. पीला रंग, 13. लालिमा, 14. लाल आंसू, 15. प्रेमिका, 16. बुतों की पूजा करना, 17. धार्मिकता।

**(120)**

हम में फ़लक निगह[1] की भी ताक़त न छोड़ देख

दस्ते-मिज़ग़ां[2] से पंजा-ए-ख़ुर[3] मत मरोड़ देख

ऐ जामा-ज़ेब[4] मैं हूं वह मजनूं कि कैंस का

फट जाए सीना मेरे गरेबां के जोड़ देख

दौरे-ख़ुमार[5] का भी है कुछ ध्यान या नहीं

ऐ मस्त-हुस्न शीशा-ए-दिल को न तोड़ देख

इग़वा-ए-ग़ैर[6] से न जगा ख़ुत्फ़ा-ए-फ़ितना[7]

मैं ग़श नहीं हूं लाश मेरी मत झंझोड़ देख

आईना-ख़ाना[8] बन गया दिल तोड़ना न था

यानी अब ऐसे जल्वा-नुमा[9] हैं करोड़ देख

तूफ़ां हैं अब हर गुहरे-अश्क में निहां[10]

ऐ याद दोस्त दामने-मिज़ग़ां[11] निचोड़ देख

मेरा क़लक़[12] भी क़िबला-नमा से है कम नहीं

बावर[13] नहीं तुझे तो ज़रा मुंह को मोड़ देख

---

1. देखना, 2. हाथ की तरह पलकें, 3. सूर्य जो पंजे की भांति है, 4. अच्छे कपड़ों वाला, 5. मदिरा का नशा, 6. दूसरों के बहकाने से, 7. सोई हुई मुसीबत, 8. जहां दर्पण ही दर्पण हों, 9. प्रकाश से भरा हुआ, 10. छिपा हुआ, 11. पलकों का किनारा, 12. बेचैनी, 13. विश्वास।

## (121)

जो तेरे मुंह से न हो शर्मसार[1] आईना
तो रुख़[2] करे सू-ए-आईनादार[3] आईना

कहे हैं देख के रुखसार[4] यार आईना
कि इस सफ़ाई पर सदक़े-निसार[5] आईना

सफ़ा-ए-दिल[6] की क़द्र[7] कहां तैरा-रोज़ी[8] में
चिराग़े-सुबह है शब-हाये-तार[9] आईना

मुक़ाबिल उस रुख़े-रोशन[10] के खुल गई क़लई
न ठहरा आग पे सीमाब-बार[11] आईना

शिकस्ते-रंग[12] पे मस्ती में हंसते हैं हम भी
दिखाएंगे उन्हें वक़्ते-ख़ुमार[13] आईना

मुझे तो कहते हो मत देख मेरी जानिब[14] तू
और आप देखते हो बार-बार आईना

समझ तो ‘मोमिन’ अगर ना-रवा[15] है ख़ुदबीनी[16]
तो देखें काहे को परहेज़गार आईना

---

1. लज्जित, 2. मुंह, 3. दर्पण रखने वाले की ओर, 4. गाल, 5. निछावर, 6. हृदय की निष्कपटता, 7. मान, 8. बुरे दिन, 9. अंधेरी रातें, 10. चमकदार चेहरा, 11. पारे की तरह, 12. रंग उड़ना, 13. नशे में, 14. ओर, तरफ़, 15. नाजायज़, 16. अपने आपको देखना।

# (122)

हिज्रां में भी ज़ीस्त[1] क्यों न चाहूं
जां-दाद-ए-शोख़[2] बेवफ़ा हूं

हैं ग़ैर मेरे निकलने से ख़ुश
गोया कि मैं उनका मुद्आ[3] हूं

उफ़ कर गई याद गर्म-जोशी[4]
मैं आतिशे-मुर्दा[5] से जला हूं

रब्त[6] उससे है मिस्ल शोला-ओ-शमा[7]
मर जाऊं गर एक़दम जुदा[8] हूं

क्योंकर न बिगड़ के वह निकाले
मैं दिल के ग़ुबार से बना हूं

खाता हूं बदन पर इश्क़ में दाग़
आमाल[9] की अपने ख़ुद जज़ा[10] हूं

ख़ुदबीनी-ओ-बेख़ुदी[11] में है फ़र्क़[12]
मैं तुमसे ज्यादा कमनुमा[13] हूं

उस नाम के सदक़े जिसकी बदौलत
'मोमिन' रहूं और बुतों को चाहूं

---

1. जीवन, 2. चंचल प्रेमिका पर जान देने वाला, 3. उद्देश्य, लक्ष्य, 4. उत्साह, 5. बुझी हुई आग, 6. सम्बंध, 7. लपक और दीपक, 8. वियोग, 9. कर्म, 10. परिणाम, 11. आत्मदर्शन और मस्ती, 12. अंतर, 13. कम बात करने वाला।

**(123)**

क्योंकि पूछे हाले-तल्ख़ी आशिक़े-दिलगीर से
हो गए हैं बन्द लब शीरीनि-ए-तक़रीर से

कब लगा ऐ कासागर[1] उस लब से जाम[2] इस ख़ाक का
काम होने का नहीं फिर फ़ायदा तदबीर से

ऐ जुनूं अपनी असीरी[3] बाद-मुर्दन[4] भी रहे
हल्क़ा-ए-मातम[5] में आए हल्का-ए-ज़ंजीर से

कब हमारे साथ सोते हैं कि देखेगा कोई
उनको बेताबी है क्यों इस ख़्वाबे-बे-ताबीर[6] से

तुमसे वह करता है बातें रश्क से रोता हूं मैं
सच कहा झड़ते हैं मोती ग़ैर की तक़रीर से

नालाहाये-बुलहवस[7] ने खो दिया आज़ारे-शौक़[8]
लो हम अच्छे हो गए दरमान-बे-तासीर[9] से

इश्क़ उस क़ातिल का बाद क़त्ल भी हमको रहा
है यह कैसा जुर्म जो जाता नहीं ताज़ीर[10] से

सर पटकता है क़लक़[11] में 'मोमिन' ख़ाना-ख़राब[12]
मस्जिदें रहती नहीं क्या फ़ायदा तामीर[13] से

---

1. प्याला बनाने वाला, 2. प्याला, 3. कैद, 4. मरने के बाद, 5. रोने वालों का गिरोह, 6. बिना फल का स्वप्न, 7. कामी पुरुष की बेचैनियां, 8. प्रेम का दुख, 9. बिना प्रभाव का उपचार, 10. सज़ा, 11. दुख, 12. बरबाद, 13. निर्माण।

## (124)

या जो तू ऐ महरवश[1] था जल्वा-गुस्तर[2] रात को
छुट रही थी क्या हवाई मह[3] के मुंह पर रात को

सरसरे[4]-आह-ओ-फ़ुग़ां शोला-जन[5] तूफ़ाने-अश्क[6]
जमा[7] सामाने-ख़राबी[8] था मेरे घर रात को

बज़्म दुश्मन में न हो वह नग़मा[9] गर आती
रही हर फ़ुग़ां के साथ लब पर जान-मुज़तर[10] रात को

रोज़े-हिज्रां से शबे-फ़ुरक़त न हो क्या सख्त-तर[11]
गाहे-गाहे[12] दिन को मिलते थे वह अक्सर रात को

रश्क से जलता हूं रोज़ ऐ शम्अ बारे-आम[13] में
दिन को है मुझ पर वही सदमा जो तुझ पर रात को

क्या कहूं तुम जो न आए क्या क़यामत आ गई
मेहमां था मेरे घर में रोज़े-महशर[14] रात को

---

1. तेजस्वी प्रेमिका, 2. विराजमान, 3. चांद, 4. हवा, 5. आग लगाने वाली, 6. आंसुओं की बाढ़, 7. एकत्रित, 8. बरबादी के लक्षण, 9. राग, 10. कष्ट में पड़े हुए प्राण, 11. अधिक कठिन, 12. कभी-कभी, 13. स्पष्ट रूप से, 14. प्रलय का दिन।

**(125)**

ठहरी है कि ठहराएंगे[1] ज़ंजीर से दिल को
पर बरहमी-ए-ज़ुल्फ़[2] का सौदा न करेंगे

गर आरज़ू-ए-वस्ल[3] ने बीमार किया तो
परहेज़ करेंगे, पर मदावा[4] न करेंगे

तशबीह[5] ज़िबस[6] देते हैं लब-हाये-बुतां[7] को
न मर जाएंगे पर मिन्नते-ईसा[8] न करेंगे

लेकिन जो बुतों ने ही भला आपसे की बात
फिर आप ही फ़रमाएं कि क्या-क्या न करेंगे

ऐ हज़रते-'मोमिन' यह मुसल्लम[9] जो है इरशाद[10]
भूले से भी अब ज़िक्र बुतों का न करेंगे

---

1. बांधेगे, 2. बालों का बिखरना, 3. मिलन की इच्छा, 4. उपचार, 5. उपमा, 6. पूर्णतया, 7. प्रेमिकाओं के होंठ, 8. ईसा मसीह की विनती, 9. स्वीकृत, 10. आदेश।

# (126)

आहे-फ़लक-फ़ुग़ां[1] तेरे ग़म से कहां नहीं
जो फ़ितनाखेज़[2] अब है ज़मीं आसमां नहीं

कहना पड़ा मुझे पये-इल्ज़ाम-पंद-गो[3]
वह माजरा जो लायक़े-शरह-ओ-बयां नहीं।

डरता हूं आसमान से बिजली न गिर पड़े
सैयाद की निगाह सू-ए-आशियां नहीं

बातें तेरी वह होश-रुबा हैं कि क्या कहूं
जो कोई राज़दां है मेरा राज़दां नहीं

बे-सरफ़ा-जांकनी[4] का मेरा कुछ तो हो हुसूल[5]
मेहनत किसी की आज तलक रायगां[6] नहीं

करते वफ़ा उम्मीदे-वफ़ा पर तमाम उम्र
पर क्या करें कि उसको सरे-इम्तिहां[7] नहीं

मैं अपनी चश्मे-शौक़[8] को इल्ज़ाम ख़ाक दूं
तेरी निगाह शर्म से क्या कुछ अयां[9] नहीं

इतने सुबुक[10] नज़र में हैं अवज़ाअ-रोज़गार[11]
दुनिया की हसरतें मेरे दिल पर गरां[12] नहीं

---

1. आकाश को हिला देने वाली आहे, 2. झगड़ा पैदा करने वाली, 3. उपदेशक के आरोपों के लिए, 4. बिना वजह जान देना, 5. लाभ, 6. बरबाद, 7. परीक्षा लेने की धुन, 8. इच्छा रूपी आंख, 9. प्रकट, 10. हल्के, 11. ज़माने की दशा, 12. बोझिल।

## (127)

'मोमिन' सू-ए-शर्क उस बुते-काफ़िर का तो घर है
हम सिजदा किधर करते हैं और का'बा किधर है

हसरत से मैं देखूं तो फ़लक[1] क्योंकर न हो राम[2]
उस नरगिसे-जादू[3] को निगह पेशे-नज़र[4] है

ख़त की मुझे क़ासिद को है इनाम की ख़्वाहिश
मैं दस्तनिगर[5] ख़ुद हूं, वह क्या दस्तनिगर है

पर अरमान निकलने दे बस ऐ बीमे-नज़ाकत[6]
हां हाथ तसव्वुर[7] में मेरा ज़ेरे-कमर[8] है

रिन्दों[9] पे यह बेदाद ख़ुदा से नहीं डरता
ऐ मुहतसिब ऐसा तुझे क्या शाह का डर है

ऐसे दमे-आराम[10] असर-ख़ुत्फ़ा[11] कब उठा
हमको अबस[12] उम्मीद दुआहाये-सहर[13] है

हम हाल कहे जाएंगे सुनिए कि न सुनिए
इतना ही तो यां सुहबते-नासेह का असर है

वह ज़िबह[14] करे और यहां जान फ़िदा हो
ऐसे से निभे यूं यह हमारा ही जिगर है

अब भी नहीं जाती तेरे आ जाने की उम्मीद
गो फिर गईं आंखें, पर निगह जानिबे-दर[15] है

---

1. आसमान, 2. आज्ञाकारी, 3. जादूभरी आंख, 4. नज़र के सामने, 5. ग़रीब, 6. कोमलता का भय, 7. कल्पना, 8. कमर के नीचे, 9. शराबियों, 10. आराम के समय, 11. सोया हुआ प्रभाव, 12. बेकार, 13. सुबह की प्रार्थना, 14. क़ुरबान, 15. दरवाजे की ओर।

**(128)**

दीदा-ए-हैरां[1] ने तमाशा[2] किया
देर तलक वह मुझे देखा किया

आंख न लगने से सब अहबाब[3] ने
आंख न लगने का चर्चा[4] किया

बुझ गई इक आह में शम्ए-हयात[5]
मुझको दमे-सर्द[6] ने ठण्डा किया

ग़ैर[7] अयादत[8] से बुरा मानते
क़त्ल किया आन-के[9] अच्छा किया

उस परीवश[10] को न देखे कोई
मुझसे[11] मेरे शर्म[12] ने अच्छा किया

ज़िन्दगी-ए-हिज्र[13] भी इक मौत थी
मर्ग[14] ने क्या कारे[15] मसीहा[16] किया

पान में यह रंग कहां आपके
आप मेरे ख़ून का दावा किया

---

1. चकित नेत्र, 2. हंगामा, 3. मित्र मंडली, 4. वर्णन, 5. जीवन-दीप, 6. ठंडी सांस, 7. पराये,
8. बीमार का हाल पूछना, 9. आकर, 10. जो परी जैसा सुन्दर हो, 11. मेरे साथ, 12. लज्जा,
13. वियोगमय जीवन, 14. मृत्यु, 15. कार्य, 16. जीवनदाता।

**(129)**

बंधा ख़याले-जानां बाद तर्के-यार मुझे
किया है यास ने क्या-क्या उम्मीदवार मुझे

वह शाम वादा जो आए तो बेख़ुद-ओ-सरमस्त[1]
रहा विसाल में भी वह ही इन्तज़ार मुझे

वह रिन्द ख़ुमकदाकश[2] हूं कि ज़हर देते हैं
ब-तंग आके हरीफ़ाने-बादाख़्वार[3] मुझे

'न हो वह बात कि जिससे वफ़ा में आए ख़लल[4]
कहीं न कीजियो नासेह से शर्मसार[5] मुझे

बक़दर जोशो-तड़पन को था वले[7] पसे-क़त्ल[8]
वह बेक़रार हुए आ गया क़रार मुझे

उमीदे-मर्ग[9] पर हर फ़ितना[10] राहते-जां[11] है
शबे-फ़िराक़ में क्या बीमे-रोज़गार[12] मुझे

अगर हिसाबे-वफ़ा इम्तिहां के बाद न हो
क़बूल उज़्र[13] सितमहाये-बेशुमार[14] मुझे

शबे-विसाल में क़तरा-क़तरा कर मय पी ली
रहा न वसवसा-ए-चारा-ए-ख़ुमार[15] मुझे

रक़ीब खाए क़सम तो वफ़ा का आए यक़ीं
तू मेरी जान है क्या तेरा ऐतबार मुझे

---

1. मस्त और बेसुध, 2. मटकों पी जाने वाला, 3. प्रतिद्वन्द्वी शराबी, 4. विघ्न, 5. लज्जित, 6. काफ़ी, 7. लेकिन, 8. क़त्ल के बाद, 9. मरने की उम्मीद, 10. मुसीबत, 11. हृदय को आराम, 12. संसार का भय, 13. बहाना, 14. असंख्य अत्याचार, 15. नशे का इलाज करने की इच्छा।

**(130)**

अगर ज़ंजीर-कश[1] सू-ए-बयाबां[2] अपनी वहशत हो
तो पा-ए-क़ैस[3] का हर एक छाला चश्मे-हैरत हो

किसी के अब्रू-ए-ख़ुश-ख़म[4] का कुश्ता[5] हं तअज्जुब क्या
जो मेरी ख़ाक से तामीर महराबे-इबादत[6] हो

समझता ख़ूब हूं मैं इस बनावट की लगावट को
क़सम खा जाऊंगा गर तेरे दिल में कुछ मुहब्बत हो

हुए बेख़्वाब[7] आहे-शर्म शब से तो लगे कहने
कि सोतों को जगा देते हो तुम भी क्या क़यामत हो

जला जाता हूं सोज़े-रश्क[8] से मानिन्द परवाना
जला मत और को तू गरचे मेरी शम्-ए-तुरबत[9] हो

अदू[10] से बज़्म में होती रही चश्मकज़नी[11] क्या-क्या
न देखा हाल मेरा तुम भी कितने बे-मुरव्वत हो

बजाये-सब्ज़ा निकले ख़ाक से मेरी ज़बां ज़ालिम
दिले-नालां[12] पसे-मुर्दन[13] जो सरगर्मे-शिकायत[14] हो

---

1. ज़ंजीर खींचना, 2. जंगल की तरफ़, 3. क़ैस का पांव, 4. टेढ़ी भौं, 5. मारा हुआ, 6. प्रार्थना करने के लिए झुकाव, 7. जागना, 8. ईर्ष्या की जलन, 9. क़ब्र का दीपक, 10. शत्रु, 11. आंख लड़ाना, 12. रोता हुआ हृदय, 13. मरने के बाद, 14. शिकायत में व्यस्त।

## (131)

रोज़ होता है बयां[1] ग़ैर से अपना इख़लास[2]
चश्मे-बद्दूर[3] तुम्हें हमसे भी है क्या इख़लास

ग़ैर कहता है बयां मुझसे तो मैं कहता हूं
बारे अब तक तो नहीं तुझसे मेरा-सा इख़लास

ग़ैर से लुत्फ़[4] की बातें हैं मेरे छेड़ने को
दुश्मनी कहते हैं जिसको वह तुम्हारा इख़लास

मुझसे मिल वरना रक़ीबों से मैं सब कह दूंगा
दुश्मनी अबकी तेरी और वह पहला इख़लास

जुंबिशे-लब[5] की तेरे पूछने को कैफ़ियत[6]
तेरे बीमार से करता है मसीहा[7] इख़लास

उस सितमगर ने बनावट[8] की लगावट[9] भी न
की हाय क़िस्मत मेरे कुछ काम न आया इख़लास

चाहता है कि दिल उस तंग क़बा[10] से फट जाए
मेरे नासेह का है दुनिया से निराला इख़लास

अब उन्हें लिखते हैं हम ख़त में सरासर दुश्मन
जिनको लिखते थे सदा यार सरापा[11] इख़लास

---

1. वर्णन, 2. मुहब्बत, 3. बुरी आंख दूर, 4. आनंद, प्रेम, 5. होंठ का हिलना, 6. नशे का
प्रभाव, 7. एक पैग़म्बर का नाम, 8. ऊपरी, 9. प्रेम, 10. कपड़ा, 11. सिर से पैर तक।

# (132)

मुझपे तूफ़ां उठाए लोगों ने
मुफ़्त बैठे-बिठाए लोगों ने

कर दिए अपने आने-जाने के
तज़किरे[1] जाए-जाए[2] लोगों ने

वस्ल की बात कब बन आई थी
दिल से दफ़्तर बनाए लोगों ने

बात अपनी वहां न जमने दी
अपने नक़्शे जमाए लोगों ने

सुनके उड़ती-सी अपनी चाहत की
दोनों के होश उड़ाए लोगों ने

बिन कहे राज़हाये[3] पिनहानी[4]
उसे क्योंकर सुनाए लोगों ने

क्या तमाशा है जो न देखे थे
वह तमाशे दिखाए लोगों ने

---

1. चर्चे, 2. जगह-जगह, 3. भेद, 4. छिपे हुए।

## (133)

अजल जां-ब-लब[1] उसके शेवन[2] से है
यह नादिम[3] मेरे ज़ूद-कुश्तन[4] से है।

वह बदख़्वाह[5] मुझ-सा तो मेरा नहीं
अबस दोस्ती तुमको दुश्मन से है

मेरे दाग़ याद आए गुल देखकर
कि बेज़ार[6] वह सैरे-गुलशन से है

जलाने से भी तेरा शाकिर[7] हूं मैं
गिला[8] नाला-ए-आतिश-अफ़गन[9] से है

शबे-ग़म मुए-शम्अ को देखकर
हमें ख़िजलत[10] उस शोख़-बदज़न[11] से है

मेरा ख़ून क्या बाद गर्दन हुआ
कि बेताब वह दर्दे-गर्दन से है

जहां ख़ाक उड़ाई वहीं दब रहे
कदूरत[12] अबस फ़िक्रे-मदफ़न[13] से है

नई कुछ नहीं अपनी जां-बाज़ियां[14]
के यही खेल हमको लड़कपन से है

---

1. मरने के निकट, 2. व्यवहार, प्रलाप, 3. लज्जित, 4. जल्दी मरना, 5. बुरा चाहने वाला, 6. ऊबे हुए, 7. धन्यवाद देने वाला, 8. शिकायत, 9. आग बरसाने वाला रुदन, 10. शर्मिन्दगी, 11. चंचल व संदेही प्रेमिका, 12. कपट, 13. क़ब्र की चिंता, 14. बहादुरी।

**(134)**

कहां तक दम-बख़ुद रहिए, न हूं कीजे, न हां कीजे
कहां तक खाइए ग़म, कब तलक ज़ब्ते-फ़ुग़ां कीजे

अदू-के-वहम[1] से तकता हूं बज्मे-ऐश[2] में हर-सू[3]
नहीं है और कुछ यूं आप जो चाहे गुमां[4] कीजे

ग़र्ज़ हमसाये में भी उसका रहना क्या क़यामत है
कि सुन लेता है वह घर में जो कुछ मज़कूर[5] यां कीजे

कहें तो क्या कहें और बिन कहे क्योंकर दवा होवे
बड़ी मुश्किल पड़ी क्या चारा-ए-दर्दे-निहां[6] कीजे

वही हिज्रां है ग़म खाने पे कब तक ज़िन्दगानी हो
बस अब मर जाइए, कुछ खाके ऐशे-जाविदां[7] कीजे

रखे से हाथ सीना पर भला कब मानता है दिल
न जब तक रोइए दो-चार आहे-ख़ूं-चकां[8] कीजे

अदू इस औज[9] पर शाकी[10] है शायद ग़ुस्सा आ जावे
मिला दे ख़ाक में यह तो भी शुक्रे-आसमां कीजे

कुछ आखिर हद भी है जौरो-जफ़ा-ओ-ज़ुल्फ़ की कब तक
तहम्मुल-दर-गुज़र[11] हर लहज़ा[12] हरदम हर ज़मां[13] कीजे

गला हम काट लेंगे आप तेगे-रश्क[14] से अपना
अदू को क़त्ल कीजे, फिर हमारा इम्तिहां कीजे

---

1. शत्रु का भ्रम, 2. सुख की सभा, 3. चारों ओर, 4. संदेह, 5. चर्चा, 6. छिपे हुए दर्द की दवा,
7. हमेशा का सुख, 8. ख़ून के आंसू टपकाना, 9. ऊंचाई, यश, 10. शिकायत करना, 11. सब्र
न करना, 12. क्षण, 13. समय, 14. जलन की तलवार।

**(135)**

वह जो ज़िन्दगी में नसीब था वही बादे-मर्ग[1] रहा क़लक़[2]
यह क़लक़ है कैसा कि है सितम, गई जान पर न गया क़लक़

किसी के ख़िराम[3] की याद में तहे-ख़ाक[4] भी यह रहा क़लक़
कि ज़मीं को ज़लज़ला[5] आए है जो लुटाए मुझको ज़रा क़लक़

शबे-हिज्र रोज़े-विसाल की तेरी शोख़ियां जो नज़र में थीं
कहूं क्या तग़य्युर[6] हाले-दिल कभी था सुकूं[7] कभी था क़लक़

नहीं चाह मेरी अगर उसे नहीं राह[8] दिल में तो किसलिए
मुझे रोते देख वह रो दिया, मेरा हाल सुनके हुआ क़लक़

ग़मे-हिज्र यार के हाथ से शब-ओ-रोज़ हूं मैं अज़ाब[9] में
है हमेशा इक नई तपिश, है मदाम[10] इक नया क़लक़

शबे-वादा[11] जज़्बा-ए-शौक़[12] से हुई कशमकश यह सितम हुआ
कि वह आते-आते जो थम गए तो किसी तरह न थमा क़लक़

कहा जां-ब-लब[13] हूं जो आए तो मेरी ज़िन्दगी हो तो यूं कहा
तेरे जीने की मुझे क्या ख़ुशी तेरे मरने का मुझे क्यों क़लक़

यही दीन[14] अगर है तो छोड़ दो, तरफ़ इस सनम के न रुख़ करो
जिसे 'मोमिन' आपके वास्ते हैं मिसाल क़िबलानुमा[15] क़लक़

---

1. मरने के बाद, 2. दुख, तड़पन, व्यथा, वेदना, 3. चाल, 4. क़ब्र के नीचे, 5. भूकम्प, 6. परिवर्तन, 7. चैन, 8. प्रेम, स्थान, 9. कष्ट, 10. सदैव, 11. वादे की रात, 12. प्रेम का आकर्षण, 13. मरने के निकट, 14. धर्म, 15. दिशा ज्ञात करने का एक यंत्र।

**(136)**

यह क़ुदरत[1] ज़ोफ़[2] में भी है फ़ुग़ां को
कि दे पटके ज़मीं पर आसमां को

वफ़ा सिखलाता रहेगा दिल हमारा
एक तुम्हारी ख़ातिरे ना-मेहरबां[3] को

पड़ी है गली में इक लाशे-दुश्मन
मिली उठाऊं क्योंकर इस बारे-गरां[4] को

कहां है ताबे-नाज़े-बर्क़[5] ऐ काश[6]
जला दे आतिशे-गुल[7] आशियां[8] को

पसीने की जगह आने लगा ख़ूं
छिपाऊं किस तरह जख़्मे-निहां[9] को

समझता क्योंकि दीवाने की बातें
न पाया महरम[10] अपने राज़दां[11] को

अदू[12] के घर में है तस्वीरे-शीरीं[13]
दिखाऊं किस तरह उस बदगुमां[14] को

दिया उस बदगुमां को ताना-ए-ग़ैर[15]
ग़ज़ब है क्या कहूं अपनी ज़बां को

---

1. शक्ति, 2. बुढ़ापा, 3. कठोर स्वभाव, 4. भारी बोझ, 5. बिजली के नख़रे सहना, 6. क्या अच्छा हो, 7. फूल की लाली जो आग की तरह है, 8. घोंसला, 9. छिपा घाव, 10. अंतरंग मित्र, 11. भेद जानने वाला, 12. शत्रु, 13. शीरीं प्रेमिका की तस्वीर, 14. संदेही, 15. दूसरों का व्यंग।

**(137)**

दिल बस्तगी-सी है, किसी ज़ुल्फ़े-दुता के साथ
पाला पड़ा है हमको, ख़ुदा, किस बला के साथ

अल्ला रे सोज़े-आतिशे-ग़म[1] बादे-मर्ग[2] भी
उठते हैं मेरी ख़ाक से शोले[3] हवा के साथ

सौ ज़िन्दगी निसार करूं ऐसी मौत पर
यूं रोए ज़ार-ज़ार[4] तो अहले-अज़ा[5] के साथ

हरदम अर्क़-अर्क़[6] निगहे-बे-हिजाब[7] है
किसने निगाहे-गर्म से देखा हया के साथ

मरने के बाद भी वही आवारगी रही
अफ़सोस जो गई नफ़से-नारसा[8] के साथ

दस्ते-जुनूं ने मेरा गरेबां समझ लिया
उलझा है वह उस शोख़ के बन्दे-क़बा[9] के साथ

आते ही तेरे चल दिए सब वरना यास[10] का
क़ैसा हुजूम था दिले-हसरत-फ़ज़ा[11] के साथ

मैं कीने[12] से भी ख़ुश हूं कि सब यह तो कहते हैं
उस फ़ितनागर[13] को लाग है इस मुब्तिला[14] के साथ

'मोमिन' वही ग़ज़ल पढ़ो शब जिससे बज़्म में
आई थी लब पे जान जाह-ओ-हब्बज़ा[15] के साथ

---

1. दुख रूपी आग की जलन, 2. मौत के बाद, 3. लपटें, 4. फूट-फूटकर, 5. रोने वाले, 6. लज्जित, 7. लजाहीन, 8. प्रभावहीन आहें, 9. कुर्ते का बंधन, 10. निराशा, 11. इच्छाओं को बढ़ाने वाला दिल, 12. शत्रुता, 13. उपद्रवी, 14. फंसा हुआ, 15. शाबाशी और प्रतिष्ठा।

## (138)

ख़मे-अब्रू में भरते हैं, दमे-शमशीर अक्सर हम
किया करते हैं अपने क़त्ल की तदबीर अक्सर हम

हुए तुम क्यों ख़फ़ा[1] तासीर[2] से आहे-रसा[3] की अब
किया करते थे यह तो पहले भी तक़सीर[4] अक्सर हम

लगे आग आतिशे-ग़म को ज़बाने-ख़ामा[5] शोला[6] है
जला देते हैं सौ-सौ ख़त दमे-तहरीर[7] अक्सर हम

जबीं[8] यां तक तो संगे-आस्तां[9] पर तेरे घिसते हैं
मिटा देते हैं लफ़्ज़े-दफ़्तरे-तक़दीर[10] अक्सर हम

वहां छूटा गले लगना कि शौले-हमकनारी[11] में
लगाते थे गले से ग़ैर की तस्वीर अक्सर हम

अजब हालत है सौदे में तेरी ज़ुल्फ़े-मुसलसल[12] के
कि सर से बांधते हैं पांव की ज़ंजीर अक्सर हम

नहीं पाते असर अपना यह ग़ैरत[13] का असर देखा
कहा करते थे बेताबी को बे-तासीर[14] अक्सर हम

---

1. क्रुद्ध, 2. प्रभाव, 3. प्रभाव डालने वाली आह, 4. अपराध, 5. क़लम की ज़बान, 6. लपटें,
7. लिखते समय, 8. माथा, 9. चौखट का पत्थर, 10. भाग्य का लिखा हुआ, 11. गोद में
आने की इच्छा, 12. लम्बे बाल, 13. शर्म, 14. बिना प्रभाव की।

**(139)**

ज़ेबे-दुरुस्त, लायक़े-लुत्फ़ो-करम नहीं
नासेह की दोस्ती भी, अदावत से कम नहीं

फ़रियाद नालाहाये-अज़ाबार[1] पर इन्हें
आया है रहम कब कि ज़रा मुझमें दम नहीं

जाना हराम हिज्रे-बुतां[2] में तो क्या गुनाह
पीरे-मुगां[3] शराब है शीशे में सम[4] नहीं

वे इल्तिफ़ातियां[5] जो अदू[6] से सुनी न थीं
हम जानते थे वस्ल में रंज-ओ-अलम[7] नहीं

बे-जुर्म[8] पायमाल[9] अदू को किया किया
मुझको ख़याल भी तेरे सर की क़सम नहीं

हूं आब-आब[10] उफ़ रे निगहहाये गर्म-गर्म
इस महरवश[11] के सामने आंखों में ग़म नहीं

आशिक़-कुशी[12] है शेवा[13] अगर बुलहवस[14] सही
आख़िर कुछ अपनी जान के दुश्मन तो हम नहीं

---

1. दुखपूर्ण क्रन्दन, 2. प्रेमिकाओं का विरह, 3. धार्मिक पंडित, 4. जहर, 5. मेहरबानियां, 6. शत्रु, 7. दुख और पीड़ा, 8. बिना अपराध, 9. नष्ट, 10. लज्जित, 11. सुन्दरी, 12. प्रेमिकाओं का मारना, 13. ढंग, 14. विषयी, लालची।

**(140)**

सुरमगीं चशम से क्यों तेज़ नज़र करता है
कब मेरा नाला, तेरे दिल में असर करता है

गर तसव्वुर[1] से हों हम-बज़्म[2] तो बेताब रहे
किस क़दर वह मेरे मिलने से हज़र[3] करता है

किसके हंसने का तसव्वुर है शब-ओ-रोज़[4] कि यूं
गुदगुदी दिल में कोई आह पहर करता है

ग़मे-ख़त[5] में तेरे मर जाए तो कुछ क्या है अजब[6]
महर को जो कोई खाता है ज़रर[7] करता है

क्या किया दिल ने कि आंखों से कहा राजे-निहां[8]
ऐसे ग़ुम्माज़[9] को भी कोई ख़बर करता है

ऐश में भी तो न जागे कभी तुम क्या जानो
कि शबे-ग़म कोई कस[10] तूर-सहर[11] करता है

अदम-आबाद[12] से आना मुझे याद आए है जब
कोई हसरत-ज़दा[13] दुनिया से सफ़र करता है

बख़्तबद[14] ने यह डराया है कि कांप उठता हूं
तू कभी लुत्फ़ की बातें भी अगर करता है

---

1. कल्पना, 2. बैठना, 3. परहेज़, बचाव, 4. रात-दिन, 5. केशों द्वारा दी हुई पीड़ा, 6. आश्चर्य, 7. हानि, 8. छिपा हुआ भेद, 9. चुगलखोर, 10. व्यक्ति, 11. तूर पहाड़ की सुबह, 12. परलोक, 13. इच्छाओं का मारा हुआ, 14. दुर्भाग्य।

**(141)**

वह गर्दन देख यह हालत हुई तग़य्युर[1] शीशा की
कि थमती ही नहीं हिचकी हुई है देर शीशा की

मदाम[2] उस दिलबरे-मयकश[3] के मुंह लगता है ऐ साक़ी
बनाई हाय क्या अल्लाह ने तक़दीर शीशा की

सिवाय मुहतसिब इसके कि अपने दिल की सूरत है
सज़ावारे-शिकस्तन[4] कौन-सी तक़सीर[5] शीशा की

असर उस संगदिल[6] को क्या हो अर्ज़ें-दिल-शिकस्तन[7] का
शिकायत है मेरी फ़रियाद-बे-तासीर[8] शीशा की

हूं इक आईना-रू[9] का दीदा-ए-पुरआब[10] दीवाना
बना अश्के-मुसलसल[11] से मेरे ज़ंजीर शीशा की

बयां करता है हकलाने का उस बदमस्त के आलम[12]
वले[13] क्या समझिए पेचीदा[14] है तक़रीर[15] शीशा की

---

1. परिवर्तन, 2. सदैव, 3. शराबी प्रेमिका, 4. तोड़ने के योग्य, 5. अपराध, 6. पत्थर दिल, 7. दिल टूटने का हाल, 8. बिना प्रभाव का रोना-धोना, 9. शीशे जैसे मुंह वाला, 10. आंसू भरी आंखें, 11. आंसुओं की लड़ी, 12. संसार, 13. लेकिन, 14. जटिल, 15. भाषण।

## (142)

शब[1] ग़मे-फ़ुरक़त[2] हमें क्या-क्या मज़े दिखलाए था
दम[3] रुके था सीने में कमबख्त जी घबराए था

या तो दम[4] देता था वह या नामाबर[5] बहकाए था
थे ग़लत पैग़ाम[6] सारे कौन यां[7] तक आए था

कोई दिन तो उस पे क्या तस्वीर का आलम[8] रहा
हर कोई हैरत[9] का पुतला देखकर बन जाए था

सू-ए-सहरा[10] ले चले उस कू[11] से मेरी लाशहाये
था यही डर उन दिनों तलवा मेरा खुजलाए था

शोला-हाये-तपे-दिल[12] आग लगाते क्यों हो
गर हो दिल-सोज़[13] मेरे मुझको जलाते क्यों हो

जिनसे मंज़ूर[14] वफ़ा है, हो जफ़ा भी उन पर
मुझसे कुछ काम नहीं है तो सताते क्यों हो

खोल दो वादा कि तुम परदानशीं हो न विसाल
आप छिपते हो छिपो, बात छिपाते क्यों हो

---

1. रात, 2. वियोग का दुख, 3. सांस, 4. धोखा, 5. पत्रवाहक, 6. सन्देश, 7. यहां, 8. स्थिति, 9. विस्मय, आश्चर्य, 10. जंगल की ओर, 11. गली, 12. हृदय की गरमी की लपटें, 13. दिल जलाने वाला, 14. स्वीकार।

**(143)**

न क्योंकर देख बदले रंग उस परी-रू का
पलटना उन निगाहों का, उलट जाना है जादू का

ऐ नासेहो[1], आ ही गया, वह फ़ितना-ए-अय्याम[2], लो
हमको तो कहते थे, भला अब तुम तो, दिल को थाम लो

न रब्त उससे, न यारी आसमां से
जफ़ा-बहरे-अदू[3] लाऊं कहां से

सम[4] खा मुये[5] तो दर्दे-दिले-ज़ार[6] कम हुआ
बारे[7] कुछ इस दवा से तो आज़ार[8] कम हुआ

कब तक निभाइए बुते-नाआशना[9] के साथ
कीजे वफ़ा[10] कहां तलक, उस बेवफ़ा के साथ

वक़्ते-विदाअ[11] यार अजब अपना हाल था
क्या करते हमरही, कि ठहरना मुहाल[12] था

यह हालत है तो क्या हासिल बयां[13] से
कहूं कुछ और कुछ निकले ज़बां से

---

1. उपदेशको, 2. उपद्रवों का समय, 3. दुश्मन की तरह अत्याचार करना, 4. विष, 5. मर जाना, 6. दिल का दर्द और पीड़ा, 7. अंततः, 8. दुःख, कष्ट, 9. अपरिचित प्रेमिका, 10. प्यार, 11. अंतिम समय, 12. असंभव, 13. वर्णन।

**(144)**

जब वह हैरतज़दा[1] चेहरे पे नज़र करता है
आईना सद गिला-ए-आईना गर करता है

चैन आता ही नहीं, सोते हैं जिस पहलू, हमें
इज़तराबे-दिल[2], ग़रज़, जीने न देगा तू हमें

हम जान फ़िदा[3] करते, गर वादा-वफ़ा[4] होता
मरना ही मुक़द्दर था, वो आते तो क्या होता

फोड़ा था दिल न था, मुये[5] पर ख़लल[6] गया
जब ठेस सांस की लगी, दम ही निकल गया

मुये न इश्क़ में, जब तक वह मेहरबां न हुआ
बला-ए-जां है वह दिल, जो बला-ए-जां[7] न हुआ

बेख़ुद थे ग़श थे मह्व[8] थे दुनिया का ग़म न था
जीना विसाल[9] में भी तो, मरने से कम न था

ग़ैरों पे खुल न जाए कहीं, राज़ देखना
मेरी तरफ़ भी ग़मज़ा-ए-ग़ुम्माज़[10] देखना

---

1. आश्चर्यचकित, 2. बेचैन हृदय, 3. निछावर, 4. प्यार का वादा, 5. मर जाना, 6. विघ्न, 7. जान की मुसीबत, 8. तल्लीन, 9. मिलन, 10. प्रेमिका के नेत्रों के इशारे।

## (145)

ज़र्द मुंह दिखला दिया, ग़म का असर दिखला दिया
आज हमने उसको अपना, ज़ोरो-ज़र[1] दिखला दिया।

जूं नकहते-गुल[2] जुम्बिश[3] है, जी का निकल जाना
ऐ बादे-सबा[4] मेरी, करवट तो बदल जाना

ज़िद से, वो फिर रक़ीब[5] के घर में चला गया
ऐ रश्क[6], मेरी जान गई, तेरा क्या गया

किसी का हुआ आज, कल था किसी का
न है तू किसी का, न होगा किसी का

महशर[7] में पास क्यों दमे-फ़रियाद आ गया
रहम[8] उसने कब किया था, कि अब याद आ गया

रहते थे चैन कब ग़मे-दुरी से घर में हम
राहत-वतन[9] की याद करें, क्या सफ़र में हम

मुझ पर भी तुझको रहम नहीं, ऐ करख़्त दिल[10]
कम होवेगा जहान में, तुझ-सा भी सख़्त दिल

---

1. धन और शक्ति, 2. फूल की सुगंध, 3. हिलना, 4. प्रातःकाल की हवा, 5. प्रतिद्वंद्वी, 6. ईर्ष्या, 7. प्रलय का दिन, 8. दया, 9. स्वदेश का चैन, 10. कठोर।

## (146)

ता न पड़े ख़लल[1] कहीं, आपके ख़्वाबे-नाज़[2] में
हम नहीं चाहते कमी, अपनी शबे-दराज़[3] में

हो जां भी, जा के कुछ तो मदावा-ए-दिल करूं
कब तक मैं दिल पे हाथ धरे, हाय-दिल करूं

व यह मायूसी[4] दिलो-जां, नाला-ए-शबगीर[5] तो खींचो
खिंचेगा उसका दिल, आहे-फ़सूं-तासीर[6] तो खींचो

लिखो सलाम, ग़ैर के ख़त में ग़ुलाम को
बन्दे का बस सलाम है, ऐसे सलाम को

हां तू क्योंकर न करे, तर्के-बुतां[7] ऐ वाइज़[8]
ऐसी हूरें तेरी क़िस्मत में कहां ऐ वाइज़

अब शोर है, मिसाल जो दी, इस ख़िराम[9] को
यूं कौन जानता था, क़यामत के नाम को

जान दी और इस वफ़ा पर, इम्तिहां बाक़ी रहा
हश्र[10] की फ़रियाद का, उसको गुमां[11] बाक़ी रहा

---

1. बाधा, 2. शुभ स्वप्न, 3. लम्बी रात्रि, 4. निराशा, 5. बुलबुल का क्रंदन, 6. चमत्कारी आहों का प्रभाव, 7. प्रेमिका से सम्बंध-विच्छेद, 8. उपदेशक, 9. चाल, 10. प्रलय का दिन, 11. भ्रम।

## (147)

बेजा[1] कदूरतों[2] से तेरी, दम है नाक में
मिल जाऊं काश, पर इसी कूचे[3] की ख़ाक में

साक़िया, जहर दे हिज्रां[4] में कि बेहोश हूं मैं
कासा-ए-उम्र[5] हो लबरेज़[6] तो मयनोश हूं मैं

मुझको क्या काम कि आईना की हैरत देखूं
देख तू आईना और मैं तेरी सूरत देखूं

ख़ुश आए मुझको सबा कब, गुलों की बाग़ में बू
भरी हुई है यहां और ही दिमाग़ में बू

जुम्बिश[7] न दीजे, अब्रू-ए-ख़ुशख़म[8] को देखिए
तेग़े-सितम[9] को देखिए और हमको देखिए

जो बादे-मर्ग[10] भी उलफ़त का कुछ असर हो जाए
हमारी ख़ाक पे हो जाए यार, पर हो जाए

सिवाय नुक़्ता-ए-मौहूम[11], क्या वस्फ़े-दहां[12] कीजे
बनाकर बात क्या कीजे, जो कुछ हो तो बयां कीजे

---

1. अनुचित, 2. गंदापन, दुर्व्यहार, 3. गैली, 4. वियोग, 5. आयु रूपी पात्र, 6. भरा हुआ, 7.
हिलना, 8. सुंदर टेढ़ी भौं, 9. तलवार रूपी अत्याचार, 10. मरने के बाद, 11. कल्पित विषय,
12. मुंह की विशेषता।

# (148)

याद उसकी गर्मि-ए-सुहबत[1] दिलाती है बहार
आतिशे-गुल से मेरा सीना जलाती है बहार

बेमुरव्वत[2] नातवां-बी, हंस दे रोता देखकर
दिल दिया मैंने उसे, क्या जानिए, क्या देखकर

नासेहे-नादां[3], यह दानाई[4] नहीं
दिल को समझाऊं, मैं सौदाई[5] नहीं

मंज़ूरे-नज़र ग़ैर सही, अब हमें क्या है
बेदीद[6], तेरी आंख से, दिल पहले फिरा है

कहते हैं तुमको होश नहीं इज़तराब[7] में
भी सारे गिले तमाम[8] हुए इक जवाब में

कोहो-सहरा[9] में पये-फ़रहत फिराती है बहार
मैं तो क्या, उनको भी दीवाना बनाती है बहार

सब्र, वहशत असर न हो जाए
कहीं सहरा भी घर न हो जाए

---

1. संगति की उत्तेजना, 2. निर्दयी, 3. भोले उपदेशक, 4. बुद्धिमानी, 5. पागल, 6. नेत्रहीन, 7. बेचैनी, 8. समाप्त, 9. पहाड़ और जंगल।

**(149)**

सीमाब[1] है पहलू में मेरे, दिल तो नहीं यह
इस दिल ने सताया है मुझे, ग़ारत[2] हो कहीं यह

मैं अहवाले-दिल[3], मर गया कहते-कहते
थके तुम न बस-बस, सुना कहते-कहते

सोज़िशे-दिल[4] जब कहते हैं, तब आंसू वह भर लाते हैं
मोम के मानिन्द[5], आतिशे-ग़म से, पत्थर को पिघलाते हैं

खा गया जी ग़मे-निहां[6] अफ़सोस
धुल गई ग़म के मारे जां अफ़सोस

ग़ुरबत[7] में गुल खिलाए है, क्या-क्या वतन की याद
जैसे क़फ़स में मुर्ग़े-चमन को, चमन की याद

ये उज़्रे-इम्तिहाने-जज़्बा-ए-दिल[8] कैसा निकल आया
मैं इल्ज़ाम उसको देता था, क़सूर अपना निकल आया

नाज़े-बेजा के सिवा, शर्म के, हासिल न हुआ
ग़ैर पर ज़ुल्म किए, मेरे मुक़ाबिल[9] न हुआ

---

1. बेचैन, 2. बरबाद, 3. दिल का हाल, 4. दिल की जलन, 5. तरह, 6. छिपा हुआ दुख, 7. परदेश, 8. दिल की भावनाओं की परीक्षा लेने का बहाना, 9. सामने।

**(150)**

बज़्म में उसकी बयाने-दर्दो-ग़म क्योंकर करें
वह ख़फ़ा[1] जिस बात से होवे, वो हम क्योंकर करें

यूं करते थे वह कब दिले-नालां[2] की शिकायत
की होगी फ़लक[3] ने मेरे अफ़ग़ां[4] की शिकायत

रात किस-किस तरह कहा, न रहा
न रहा, पर वह माहलक़ा[5] न रहा

गुंचा-सा ख़ामोश बैठे हैं सुख़न की फ़िक्र में
क़ाफ़िया क्या तंग है, वस्फ़े-दहन की फ़िक्र में

माशूक़ से भी हमने निभाई बराबरी
वां लुत्फ़[6] कम हुआ, तो यहां प्यार कम हुआ

मुझसे बादे-इम्तिहां भी, जौर कम क्योंकर करें
वह सताए ग़ैर को ऐसा सितम क्योंकर करें

करते हैं अदू[7] वस्ल[8] में हरमां[9] की शिकायत
थी बारे-मुअस्सर[10], ग़मे-हिज़्रां की शिकायत

---

1. नाराज़, 2. रोता हुआ दिल, 3. आकाश, 4. दुहाई देना, 5. चांद जैसे चेहरे वाला, 6.
आनंद, 7. शत्रु, 8. मिलन, 9. निराशा, 10. प्रभावशाली वस्तु।

# (151)

असर उसको ज़रा नहीं होता
रंज राहत-फ़िज़ा[1] नहीं होता

बेवफा कहने की शिकायत है
तो भी वादा वफा नहीं होता

ज़िक्रे-अग़ियार[2] से हुआ मालूम
हर्फ़े-नासेह[3] बुरा नहीं होता

तुम हमारे किसी तरह न हुए
वर्ना दुनिया में क्या नहीं होता

उसने क्या जाने क्या किया लेकर
दिल किसी काम का नहीं होता

नारसाई[4] से दम रुके तो रुके
मैं किसी से खफ़ा नहीं होता

तुम मेरे पास होते हो गोया
जब कोई दूसरा नहीं होता

हाले-दिल यार[5] को लिखूँ क्यूँकर
हाथ दिल से जुदा नहीं होता

क्यूं सुने अर्ज़े-मुज़तर[6] ऐ 'मोमिन'
सनम आख़िर ख़ुदा नहीं होता

---

1. शांति देने वाला, 2. दुश्मनों की चर्चा 3.नसीहत करने वाला 4. पहुँच से बाहर, 5. दोस्त 6. व्याकुल मन का आवेदन

## (152)

जलता हूँ हिज्र-ए-शाहिद-ओ-याद-ए-शराब में
शौक़-ए-सवाब ने मुझे डाला अज़ाब में

कहते हैं तुम को होश नहीं इज़्तराब में
सारे गिले तमाम हुए एक जवाब में

फैली शमीम-ए-यार मेरे अश्क-ए-सुर्ख़ से
दिल को ग़ज़ब फ़िशार[1] हुआ पेच-ओ-ताब[2] में

रहते हैं जमा कूचा-ए-जानाँ में ख़ास-ओ-आम[3]
आबाद एक घर है जहान-ए-ख़राब में

बदनाम मेरे गिरिया-ए-रुसवा से हो चुके
अब उज़्र[4] क्या रहा निगाह-ए-बेहिजाब में

मतलब की जुस्तजू ने ये क्या हाल कर दिया
हसरत भी नहीं दिल-ए-नाकामयाब में

नाकामियों से काम रहा उम्र भर हमें
पिरी में यास है जो हवस थी शबाब में

क्या जलवे याद आये के अपनी ख़बर नहीं
बे-बादा मस्त हूँ मैं शब-ए-माहताब में

पैहम सजूद पा-ए-सनम पर दम-ए-विदा
''मोमिन'' ख़ुदा को भूल गये इज़्तराब में

---

1. कब्र में दिया जाने वाला अजाब 2. कशमकश 3. सर्वसाधारण 4. क्षमा याचना

## (153)

असर उस को ज़रा नहीं होता
रंज राहत-फ़ज़ा[1] नहीं होता

बेवफ़ा कहने की शिकायत है
तो भी वादा-वफ़ा नहीं होता

ज़िक्र-ए-अग़्यार से हुआ मा'लूम
हर्फ़-ए-नासेह बुरा नहीं होता

किस को है ज़ौक़-ए-तल्ख़-कामी लेक
जंग बिन कुछ मज़ा नहीं होता

तुम हमारे किसी तरह न हुए
वर्ना दुनिया में क्या नहीं होता

उस ने क्या जाने क्या किया ले कर
दिल किसी काम का नहीं होता

इम्तिहाँ कीजिए मिरा जब तक
शौक़ ज़ोर-आज़मा[2] नहीं होता

एक दुश्मन कि चख़[3] है न रहे
तुझ से ये ऐ दुआ नहीं होता

आह तूल-ए-अमल है रोज़-फ़ुज़ूँ
गरचे इक मुद्दआ नहीं होता

तुम मिरे पास होते हो गोया
जब कोई दूसरा नहीं होता

हाल-ए-दिल यार को लिखूँ क्यूँकर
हाथ दिल से जुदा नहीं होता

रहम कर ख़स्म-ए-जान-ए-ग़ैर न हो
सब का दिल एक सा नहीं होता

दामन उस का जो है दराज़ तो हो
दस्त-ए-आशिक़ रसा नहीं होता

चारा-ए-दिल सिवाए सब्र नहीं
सो तुम्हारे सिवा नहीं होता

क्यूँ सुने अर्ज़-ए-मुज़्तरिब 'मोमिन'
सनम आख़िर ख़ुदा नहीं होता

---

1. आकर्षक 2. जोर दिखाने वाला 3. आकाश, गर्दिश

**(154)**

डर तो मुझे किस का है कि मैं कुछ नहीं कहता

पर हाल ये इफ़शा है कि मैं कुछ नहीं कहता

नासेह[1] ये गिला क्या है कि मैं कुछ नहीं कहता

तू कब मिरी सुनता है कि मैं कुछ नहीं कहता

मैं बोलूँ तो चुप होते हैं अब आप जभी तक

ये रंजिश-ए-बेजा[2] है कि मैं कुछ नहीं कहता

कुछ ग़ैर से होंटों में कहे है ये जो पूछो

तू वूहीं मुकरता है कि मैं कुछ नहीं कहता

कब पास फटकने दूँ रक़ीबों को तुम्हारे

पर पास तुम्हारा है कि मैं कुछ नहीं कहता

नासेह को जो चाहूँ तो अभी ठीक बना दूँ

पर ख़ौफ़ ख़ुदा का है कि मैं कुछ नहीं कहता

क्या क्या न कहे ग़ैर की गर बात न पूछो

ये हौसला मेरा है कि मैं कुछ नहीं कहता

क्या कहिए नसीबों को कि अग़यार का शिकवा

सुन सुन के वो चुपका है कि मैं कुछ नहीं कहता

मत पूछ कि किस वास्ते चुप लग गई ज़ालिम

बस क्या कहूँ मैं क्या है कि मैं कुछ नहीं कहता

चुपके से तिरे मिलने का घर वालों में तेरे

इस वास्ते चर्चा है कि मैं कुछ नहीं कहता

हाँ तंग-दहानी का न करने के लिए बात

है उज़्र[3] पर ऐसा है कि मैं कुछ नहीं कहता

ऐ चारागरो क़ाबिल-ए-दरमाँ नहीं ये दर्द

वर्ना मुझे सौदा है कि मैं कुछ नहीं कहता

हर वक़्त है दुश्नाम[4] हर इक बात में ताना

फिर उस पे भी कहता है कि मैं कुछ नहीं कहता

कुछ सुन के जो मैं चुप हूँ तो तुम कहते हो बोलो

समझो तो ये थोड़ा है कि मैं कुछ नहीं कहता

सुनता नहीं वो वर्ना ये सरगोशी-ए-अग़्यार

क्या मुझ को गवारा है कि मैं कुछ नहीं कहता

'मोमिन' ब-ख़ुदा सेहर-बयानी[5] का जभी तक

हर एक को दावा है कि मैं कुछ नहीं कहता

---

1. सलाहकार 2. अकारण क्रोध 3. क्षमा याचना 4. गाली गलोज 5. अच्छे उपदेश

## (155)

ऐ आरज़ू-ए-क़त्ल ज़रा दिल को थामना
मुश्किल पड़ा मिरा मिरे क़ातिल को थामना

तासीर-ए-बे-क़रारी-ए-नाकाम आफ़रीं[1]
है काम उन से शोख़-ए-शमाइल[2] को थामना

देखे है चाँदनी वो ज़मीं पर न गिर पड़े
ऐ चर्ख़ अपने तू मह-ए-कामिल[3] को थामना

मुज़्तर[4] हूँ किस का तर्ज़-ए-सुख़न से समझ गया
अब ज़िक्र क्या है सामा-ए-आक़िल को थामना

हो सरसर-ए-फ़ुग़ाँ से न क्यूँकर वो मुज़्तरिब
मुश्किल हुआ है पर्दा-ए-महमिल को थामना

सीखे हैं मुझ से नाला-ए-नय आसमाँ-शिकन
सय्याद अब क़फ़स में अनादिल[5] को थामना

ये ज़ुल्फ़ ख़म-ब-ख़म न हो क्या ताब-ए-ग़ैर है
तेरे जुनूँ-ज़दे की सलासिल को थामना

ऐ हमदम आह तल्ख़ी-ए-हिज्राँ से दम नहीं
गिरता है देख जाम-ए-हलाहिल को थामना

सीमाब-वार मर गए ज़ब्त-ए-क़लक़ से हम
क्या क़हर है तबीअत-ए-माइल को थामना

आग़ोश-ए-गोर हो गई आख़िर लहूलुहान

आसाँ नहीं है आप के बिस्मिल को थामना

सीने पे हाथ धरते ही कुछ दम पे बन गई

लो जान का अज़ाब हुआ दिल को थामना

बाक़ी है शौक़-ए-चाक-ए-गरेबाँ अभी मुझे

बस ऐ रफ़ूगर अपनी अनामिल⁶ को थामना

मत माँगियो अमान बुतों से कि है हराम

'मोमिन' ज़बान-ए-बेहूदा साइल को थामना

---

1. धन्यवाद 2. उत्तर से बहने वाली हवा की अटखेलियाँ 3. पूरा चाँद 4. बेचैन 5. बुलबुल 6. उँगलियों के सिरे

## (156)

अदम में रहते तो शाद रहते उसे भी फ़िक्र-ए-सितम न होता

जो हम न होते तो दिल न होता जो दिल न होता तो ग़म न होता

हुई ख़जालत से नफ़रत अफ़ज़ूँ गिले किए ख़ूब आख़िरीं दम

वो काश इक दम ठहर के आते कि मेरे लब पर भी दम न होता

पड़ा ही मरना बस अब तो हम को जो उस ने ख़त पढ़ के नामा-बर से

कहा कि गर सच ये हाल होता तो दफ़्तर इतना रक़म न होता

किसी के जलने का ध्यान आया वगर्ना दूद-ए-फ़ुग़ाँ से मेरे

अगर हज़ारों सिपेहर बनते तुम्हारी आँखों में नम न होता

जो आप दर से उठा न देते कहीं न करता मैं जब्हा-साई[1]

अगरचे ये सरनविश्त में था तुम्हारे सर की क़सम न होता

विसाल[2] को हम तरस रहे थे जो अब हुआ तो मज़ा न पाया

अदू[3] के मरने की जब ख़ुशी थी कि उस को रंज-ओ-अलम[4] न होता

जहान-ए-तंग ओ हुजूम-ए-वहशत ग़रज़ कि दम पर बुरी बनी थी

कहाँ मैं जाता न जी ठहरता कहीं जो दश्त-ए-अदम न होता

मगर रक़ीबों ने सर उठाया कि ये न होता तो बे-मुरव्वत[5]

नज़र से ज़ाहिर हया न होती हया से गर्दन में ख़म न होता

वहाँ तरक़्क़ी जमाल को है यहाँ मोहब्बत है रोज़-अफ़ज़ूँ[6]

शरीक-ए-ज़ेबा था बुल-हवस भी जो बेवफ़ाई में कम न होता

ग़लत कि साने' को हो गवारा ख़राश-ए-अंगुश्त-हा-ए-नाज़ुक
जवाब-ए-ख़त की उम्मीद रखते जो क़ौल-ए-जुफ़्फ़िल-क़लम न होता

ये बे-तकल्लुफ़[7] फिरा रही है कशिश दिल-ए-आशिक़ाँ की उस को
वगर्ना ऐसी नज़ाकतों पे ख़िराम-ए-नाज़ इक क़दम न होता

विसाल तो है कहाँ मयस्सर मगर ख़याल-ए-विसाल ही में
मज़े उड़ाते हवस निकलती जो साथ अंदाज़-ए-रम न होता

हुआ मुसलमाँ मैं और डर से न दर्स-ए-वाइज़ को सुन के 'मोमिन'
बनी थी दोज़ख़ बला से बनती अज़ाब-ए-हिज्र-ए-सनम न होता

---

**(157)**

'मोमिन' ख़ुदा के वास्ते ऐसा मकाँ न छोड़
दोज़ख़ में डाल ख़ुल्द[1] को कू-ए-बुताँ[2] न छोड़

आशिक़ तो जानते हैं वो ऐ दिल यही सही
हर-चंद बे-असर है पर आह ओ फ़ुग़ाँ[3] न छोड़

उस तबा-ए-नाज़नीं को कहाँ ताब-ए-इंफ़िआल
जासूस मेरे वास्ते ऐ बद-गुमाँ न छोड़

नाचार देंगे और किसी ख़ूब-रू[4] को दिल
अच्छा तू अपनी ख़ू-ए-बद ऐ बद-ज़बाँ न छोड़

ज़ख़्मी किया उदू[5] को तो मरना मुहाल है
क़ुर्बान जाऊँ तेरे मुझे नीम-जाँ न छोड़

कुछ कुछ दुरुस्त ज़िद से तिरी हो चले हैं वो
यक-चंद और कज-रवी ऐ आसमाँ न छोड़

जिस कूचे में गुज़ार सबा का न हो सके
ऐ अंदलीब[6] उस के लिए गुलसिताँ न छोड़

गर फिर भी अश्क आएँ तो जानूँ कि इश्क़ है
हुक़्क़े का मुँह से ग़ैर की जानिब धुआँ न छोड़

होता है इस जहीम में हासिल विसाल-ए-जौर
'मोमिन' अजब बहिश्त है दैर-ए-मुग़ाँ[7] न छोड़

---

1. स्वर्ग 2. महबूब का घर 3. दुहाई 4. खूबसूरत 5. सूरज का तलूअ 6. बुलबुल 7. अग्नि पूजा करने वालों का पूजा स्थल, शराबखाना

# (158)

चल परे हट मुझे न दिखला मुँह
ऐ शब-ए-हिज्र[1] तेरा काला मुँह

आरज़ू-ए-नज़्ज़ारा थी तू ने
इतनी ही बात पर छुपाया मुँह

दुश्मनों से बिगड़ गई तो भी
देखते ही मुझे बनाया मुँह

बात पूरी भी मुँह से निकली नहीं
आप ने गालियों पे खोला मुँह

हो गया राज़-ए-इश्क़ बे-पर्दा
उस ने पर्दे से जो निकाला मुँह

शब-ए-ग़म[2] का बयान क्या कीजिए
है बड़ी बात और छोटा मुँह

जब कहा यार से दिखा सूरत
हँस के बोला कि देखो अपना मुँह

किस को ख़ून-ए-जिगर पिलाएगा
साग़र-ए-मय को क्यूँ लगाया मुँह

फिर गई आँख मिस्ल-ए-क़िबला-नुमा
जिस तरफ़ उस सनम ने फेरा मुँह

घर में बैठे थे कुछ उदास से वो
बोले बस देखते ही मेरा मुँह

हम भी ग़मगीन से हैं आज कहीं
सुब्ह उट्ठे थे देख तेरा मुँह

संग-ए-असवद[3] नहीं है चश्म-ए-बुताँ
बोसा 'मोमिन' तलब करे क्या मुँह

---

1. विरहरात्रि 2. दुःख़भरी रात 3. काला पत्थर, वह पत्थर जो काबे में लगा है

**(159)**

दीदा-ए-हैराँ ने तमाशा किया
देर तलक वो मुझे देखा किया

ज़ब्त-ए-फ़ुग़ाँ[1] गो कि असर था किया
हौसला क्या क्या न किया क्या किया

आँख न लगने से शब अहबाब ने
आँख के लग जाने का चर्चा किया

मर गए उस के लब-ए-जाँ-बख़्श[2] पर
हम ने इलाज आप ही अपना किया

बुझ गई इक आह में शम-ए-हयात[3]
मुझ को दम-ए-सर्द ने ठंडा किया

ग़ैर अयादत[4] से बुरा मानते
क़त्ल किया आन के अच्छा किया

उन से परी-वश को न देखे कोई
मुझ को मिरी शर्म ने रुस्वा किया

ज़िंदगी-ए-हिज्र भी इक मौत थी
मर्ग ने क्या कार-ए-मसीहा किया

पान में ये रंग कहाँ आप ने
आप मिरे ख़ून का दावा किया

जौर[5] का शिकवा न करूँ ज़ुल्म है
राज़ मिरा सब्र ने इफ़शा किया

कुछ भी बन आती नहीं क्या कीजिए
उस के बिगड़ने ने कुछ ऐसा किया

जाए थी तेरी मिरे दिल में सो है
ग़ैर से क्यूँ शिकवा-ए-बेजा किया

रहम फ़लक और मिरे हाल पर
तू ने करम ऐ सितम-आरा किया

सच ही सही आप का पैमाँ वले
मर्ग ने कब वादा-ए-फ़र्दा किया

दा'वा-ए-तकलीफ़ से जल्लाद ने
रोज़-ए-जज़ा क़त्ल फिर अपना किया

मर्ग ने हिज्राँ में छुपाया है मुँह
लो मुँह उसी पर्दा-नशीं का किया

दुश्मन-ए-'मोमिन' ही रहे बुत सदा
मुझ से मिरे नाम ने ये क्या किया

---

1. विलाप करने आदि से अपने आपको रोकना 2. जीवन देने वाले होंठ 3. जीवन ज्योति 4. रोगी का हाल चाल पूछने जाना 5. अत्याचार

## (160)

जलता हूँ हिज्र-ए-शाहिद ओ याद-ए-शराब में
शौक़-ए-सवाब ने मुझे डाला अज़ाब में

कहते हैं तुम को होश नहीं इज़्तिराब[1] में
सारे गिले तमाम हुए इक जवाब में

फैली शमीम-ए-यार मिरे अश्क-ए-सुर्ख़ से
दिल को ग़ज़ब फ़िशार[2] हुआ पेच-ओ-ताब में

चीन-ए-जबीं को देख के दिल बस्ता-तर हुआ
कैसी कुशूद-ए-कार[3] कुशाद-ए-नक़ाब में

हम कुछ तो बद थे जब न किया यार ने पसंद
ऐ हसरत इस क़दर ग़लती इंतिख़ाब[4] में

रहते हैं जमा कूचा-ए-जानाँ में ख़ास ओ आम
आबाद एक घर है जहान-ए-ख़राब में

आँख उस की फिर गई थी दिल अपना भी फिर गया
ये और इंक़िलाब हुआ इंक़िलाब में

बदनाम मेरे गिर्या-ए-रुस्वा से हो चुके
अब उज़्र क्या रहा निगह-ए-बे-हिजाब में

मतलब की जुस्तुजू[5] ने ये क्या हाल कर दिया
हसरत भी अब नहीं दिल-ए-नाकाम-याब में

गोया कि रो रहा हूँ रक़ीबों की जान को
आतिश ज़बाना-ज़न हुई तूफ़ान-ए-आब[6] में

नाकामियों से काम रहा उम्र भर हमें
पीरी में यास है जो हवस थी शबाब में

है इख़्तियार-ए-यार में सूद ओ ज़ियाँ मगर
फ़ाज़िल[7] थे हम जहाँ से क़ज़ा के हिसाब में

नासेह है ऐब-जू ओ दिल-आज़ार इस क़दर
गोया सवाब है सुख़न-ए-ना-सवाब में

दोनों का एक हाल है ये मुद्आ हो काश
वो ही ख़त उस ने भेज दिया क्यूँ जवाब में

तक़दीर भी बुरी मिरी तक़रीर भी बुरी
बिगड़े वो पुर्सिश-ए-सबब-ए-इज्तिनाब में

क्या जल्वे याद आए कि अपनी ख़बर नहीं
बे-बादा मस्त हूँ मैं शब-ए-माहताब में

है मिन्नतों का वक़्त शिकायत रही रही
आए तो हैं मनाने को वो पर इताब में

तेरी जफ़ा न हो तो है सब दुश्मनों से अम्न
बदमस्त ग़ैर महव दिल और बख़्त ख़्वाब में

पैहम सुजूद पा-ए-सनम पर दम-ए-विदा
'मोमिन' ख़ुदा को भूल गए इज़्तिराब में

---

1. बेचैनी 2. कब्र की तंगी 3. लक्ष्य प्राप्त होना 4. पसंद 5. खोई हुई वस्तु की तलाश 6. बाढ़
7. आवश्यकता से अधिक

## (161)

शब तुम जो बज़्म-ए-ग़ैर में आँखें चुरा गए
खोए गए हम ऐसे कि अग़्यार[1] पा गए

पूछा किसी पे मरते हो और दम निकल गया
हम जान से इनाँ-ब-इनान-ए-सदा गए

फैली वो बू जो हम में निहाँ मिस्ल-ए-ग़ुंचा[2] थी
झोंके नसीम के ये नया गुल खिला गए

ऐ आब-ए-अश्क आतिश-ए-उन्सुर है देखना
जी ही गया अगर नफ़स-ए-शोला-ज़ा गए

मज्लिस में उस ने पान दिया अपने हाथ से
अग़्यार सब्ज़-बख़्त[3] थे हम ज़हर खा गए

उठा न ज़ोफ़ से गुल-ए-दाग़-ए-जुनूँ का बोझ
क़ारूँ की तरह हम भी ज़मीं में समा गए

ग़ैरों से हो वो पर्दा-नशीं क्यूँ न बे-हिजाब
दम-हा-ए-बे-असर मिरे पर्दा उठा गए

थी बद-गुमानी अब उन्हें क्या इश्क़-ए-हूर की
जो आ के मरते दम मुझे सूरत दिखा गए

ताबिंदा[4] ओ जवान तो बख़्त-ए-रक़ीब थे
हम तीरा-रोज़ क्यूँ ग़म-ए-हिज्राँ को भा गए

बे-ज़ार ज़िंदगानी का जीना मुहाल था
वो भी हमारी ना'श को ठोकर लगा गए

वाइज़ के ज़िक्र-ए-मेहर-ए-क़यामत को क्या कहूँ
आलम शब-ए-विसाल⁵ के आँखों में छा गए

जिस वक़्त उस दयार से अग़यार-ए-बुल-हवस
बद-ख़ूइयों से यार के हो कर ख़फ़ा गए

दुनिया ही से गया मैं जूँही नाज़ से कहा
अब भी गुमान-ए-बद⁶ न गए तेरे या गए

ऐ 'मोमिन' आप कब से हुए बंदा-ए-बुताँ
बारे हमारे दीन में हज़रत भी आ गए

---

1. गैर लोग 2. फूलों जैसी 3. खुशकिस्मत 4. चमकदार 5. महबूब से मिलने की रात 6. कुधारणा

# (162)

जो तेरे मुँह से न हो शर्मसार आईना
तो रुख़ करे सू-ए-आईना-दार आईना

कहे है देख के रुख़्सार-ए-यार आईना
कि इस सफ़ाई पे सदक़े निसार आईना

सियाह-रू न करे तर्क-ए-उल्फ़त-ए-गुलफ़ाम
मैं बुल-हवस को दिखाऊँ हज़ार आईना

सफ़ा-ए-दिल की कहाँ क़द्र-ए-तीरा-रोज़ी में
चराग़-ए-सुब्ह[1] है शब-हा-ए-तार आईना

समझ लिया मगर इस सब्ज़ रंग को तूती
कि है नज़ारे का उम्मीद-वार आईना

वो सख़्त-जाँ हूँ कि दिखलाएँ गर दम-ए-मुर्दन[2]
तो तोड़ दे कमर-ए-कोहसार आईना

मुक़ाबिल उस रुख़-ए-रौशन के खुल गई क़लई
न ठहरा आग पे सीमाब-वार आईना

समा रहे हैं मगर तेरे नौ-ब-नौ जल्वे
कि बन गया है तिलिस्म-ए-बहार आईना

शिकस्त-ए-रंग पे मस्ती में हँसते हैं हम भी
दिखाएँगे उन्हें वक़्त-ए-ख़ुमार आईना

मुझे तो कहते हो मत देख मेरी जानिब तू
और आप देखते हो बार बार आईना

बला है मन-ए-वफ़ा नूर उड़ गया नासेह[3]
तू ले के देख तो रंग-ए-अज़ार आईना

समझ तू 'मोमिन' अगर नारवा[4] हो ख़ुद-बीनी
तो देखें काहे को परहेज़-गार आईना

---

1. प्रातः काल का दीप 2. मृत्यु का क्षण 3. अच्छी बातें समझाने वाला 4. जो जायज न हो

## (163)

राज़-ए-निहाँ[1] ज़बान-ए-अग़यार तक न पहुँचा
क्या एक भी हमारा ख़त यार तक न पहुँचा

अल्लाह रे ना-तवानी जब शिद्दत-ए-क़लक़ में
बालीं[2] से सर उठाया दीवार तक न पहुँचा

रोते तो रहम आता सो उस के रू-ब-रू[3] तो
इक क़तरा ख़ूँ भी चश्म-ए-ख़ूँ-बार तक न पहुँचा

आशिक़ से मत बयाँ कर क़त्ल-ए-अदू[4] का मुज़्दा
पैग़ाम-ए-मर्ग[5] है ये बीमार तक न पहुँचा

बे-बख़्त रंग-ए-ख़ूबी किस काम का कि मैं तो
था गुलवले किसी की दस्तार[6] तक न पहुँचा

मुफ़्त अव्वल-ए-सुख़न में आशिक़ ने जान दे दी
क़ासिद बयान तेरा इक़रार तक न पहुँचा

थी ख़ार राह तेरी मिज़्गाँ[7] की याद फिर शब
ता-सुब्ह ख़्वाब चश्म-ए-बेदार तक न पहुँचा

बख़्त-ए-रसा[8] अदू के जो चाहे सो कहे अब
यक बार यार मुझ तक मैं यार तक न पहुँचा

ग़ैरों से उस ने हरगिज़ छोड़ी न हाथा-पाई
जब तक अजल का सदमा दो-चार तक न पहुँचा

'मोमिन' उसी ने मुझ से दी बरतरी किसी को
जो पस्त-फ़हम मेरे अशआ'र तक न पहुँचा

<hr>

1. छुपे हुए भेद 2. तकिया 3. आमने सामने 4. दुश्मन का खून 5. मौत का संदेश 6. पगड़ी 7. पलकें 8. सौभाग्य

# (164)

हम-रंग लाग़री[1] से हूँ गुल की शमीम[2] का
तूफ़ान-ए-बाद है मुझे झोंका नसीम[3] का

छोड़ा न कुछ भी सीने में तुग़यान-ए-अश्क ने
अपनी ही फ़ौज हो गई लश्कर ग़नीम का

याराान-ए-नौ के वास्ते मुझ से ख़फ़ा हुए
तुम को नहीं है पास नियाज़-ए-क़दीम का

याद आई काफ़िरों को मिरी आह-ए-सर्द[4] की
क्यूँकि न काँपने लगे शो'ला जहीम का

अज़-बस-कि सब्त-ए-नामा है सोज़-ए-तप-ए-दरूँ
क़ासिद का हाथ है यद-ए-बैज़ा[5] कलीम[6] का

वाइज़ कभी हिला नहीं कू-ए-सनम से मैं
क्या जानूँ क्या है मर्तबा अर्श-ए-अज़ीम[7] का

मारा है वस्ल-ए-ग़ैर के शिकवे पे चाहिए
मदफ़न[8] जुदा जुदा मिरी लाश-ए-दो-नीम का

कहता है बात बात पे क्यूँ जान खा गए
गोया कि पक गया है कलेजा नदीम का

वाइज़ बुतों को ख़ुल्द में ले जाएँगे कहीं
है वा'दा काफ़िरों से अज़ाब-ए-अलीम का

'मोमिन' तुझे तो वहब है मोमिन ही वो नहीं
जो मो'तक़िद नहीं तिरी तब-ए-सलीम का

# (165)

देख लो शौक़-ए-ना-तमाम मिरा
ग़ैर ले जाए है पयाम मिरा

बे-असर है फ़ुग़ान-ए-ख़ून-आलूद
क्यूँ न होए ख़राब काम मिरा

आतिशीं ख़ू से आरज़ू-ए-विसाल
पक गया अब ख़याल-ए-खाम[1] मिरा

देखना कसरत-ए-बला-नोशी
कासा-ए-आसमाँ है जाम मिरा

रुत्बा उफ़्तादगी[2] का देखो है
अर्श के भी परे मक़ाम मिरा

किस सनम को छुड़ा दिया वाइ'ज़
ले ख़ुदा तुझ से इंतिक़ाम मिरा

हो के यूसुफ़[3] जो दिल चुराते हो
कौन हो जाएगा ग़ुलाम मिरा

उस लब-ए-लाल की शिकायत है
क्यूँकि रंगीं न हो कलाम मिरा

तू ने रुस्वा क्या मुझे अब तक
कोई भी जानता था नाम मिरा

ज़ानू-ए-बुत पे जान दी देखा
'मोमिन' अंजाम-ओ-इख़िताम मिरा

बंदगी काम आ रही आख़िर
मैं न कहता था क्यूँ सलाम मिरा

---

1. वो बात या इच्छा जिसका पूरा होना संभव न हो 2. विपत्ति 3. एक पैगम्बर जो अत्यंत
सुन्दर थे

## (166)

गर ग़ैर के घर से न दिल-आराम निकलता
दम काहे को यूँ ऐ दिल-ए-नाकाम निकलता

मैं वहम से मरता हूँ वहाँ रो'ब से उस के
क़ासिद[1] की ज़बाँ से नहीं पैग़ाम निकलता

करते जो मुझे याद शब-ए-वस्ल[2] अदू[3] तुम
क्या सुब्ह कि ख़ुर्शेद न ता-शाम निकलता

जब जानते तासीर कि दुश्मन भी वहाँ से
अपनी तरह ऐ गर्दिश-ए-अय्याम[4] निकलता

हर एक से उस बज़्म[5] में शब पूछते थे नाम
था लुत्फ़ जो कोई मिरा हमनाम निकलता

क्यूँ काम तलब है मिरे आज़ार[6] से गर्दूं[7]
नाकाम से देखा है कहीं काम निकलता

थी नौहा-ज़नी दिल की जनाज़े पे ज़रूरी
शायद कि वो घबरा के सर-ए-बाम निकलता

काँटा सा खटकता है कलेजे में ग़म-ए-हिज्र[8]
ये ख़ार नहीं दिल से गुल-अंदाम निकलता

हूरें नहीं 'मोमिन' के नसीबों में जो होएँ
बुत-ख़ाने ही से क्यूँ ये बद-अंजाम निकलता

---

1. सन्देशवाहक 2. मिलन रात्रि 3. शत्रु 4. कालचक्र 5. सभा 6. प्रेतात्मा 7. आकाश 8. वियोग का दुःख

# (167)

लगे ख़दंग[1] जब उस नाला-ए-सहर का सा

फ़लक[2] का हाल न हो क्या मिरे जिगर का सा

न जाऊँगा कभी जन्नत में मैं न जाऊँगा

अगर न होवेगा नक़्शा तुम्हारे घर का सा

करे न ख़ाना-ख़राबी[3] तिरी नदामत-ए-जौर

कि आब-ए-शर्म में है जोश चश्म-ए-तर[4] का सा

ये जोश यास तो देखो कि अपने क़त्ल के वक़्त

दुआ-ए-वस्ल न की वक़्त था असर का सा

लगे उन आँखों से हर-वक़्त ऐ दिल-ए-सद-चाक

तिरा न रुत्बा हुआ क्यूँ शिगाफ़-ए-दर का सा

ज़रा हो गर्मी-ए-सोहबत तो ख़ाक कर दे चर्ख़[5]

मिरा सुरूर है गुल-ख़ंदा-ए-शरर का सा

ये ना-तवाँ[6] हूँ कि हूँ और नज़र नहीं आता

मिरा भी हाल हुआ तेरी ही कमर का सा

जुनून के जोश से बेगाना-वार हैं अहबाब[7]

हमारा हाल वतन में हुआ सफ़र का सा

ख़बर नहीं कि उसे क्या हुआ पर इस दर पर

निशान-ए-पा नज़र आता है नामा-बर का सा

दिल ऐसे शोख़ को 'मोमिन' ने दे दिया कि वो है

मुहिब हुसैन का और दिल रखे शिमर का सा

<hr>

1. तीर 2. आकाश 3. घर की बरबादी 4. शोकाकुल आँख 5. आतिशबाजी 6. कमजोर 7. मित्र

## (168)

वादे की जो साअत दम-ए-कुश्तन है हमारा
जो दोस्त हमारा है सो दुश्मन है हमारा

ये काह-ए-रुबा से भी हैं कम ऐ कशिश-ए-दिल
मज़कूर[1] कुछ ऐसा पस-ए-चिलमन है हमारा

अफ़्सोस मू-ए-शम-ए-शब-ए-वस्ल की मानिंद
जो क़हक़हा शादी है सो शेवन[2] है हमारा

महताब का क्या रंग किया दूद-ए-फ़ुग़ाँ ने
अहवाल[3] शब-ए-तार[4] से रौशन है हमारा

देता नहीं उस ज़ोफ़ पे भी जोश-ए-जुनूँ चैन
हर रेग-ए-रवाँ दश्त में तौसन है हमारा

तफ़रीह न क्यूँकर हो हवा आ नहीं सकती
गोया दर ओ दीवार नशेमन[5] है हमारा

गर पास है लोगों का तो आ जा कि क़लक़ से
है लाश कहीं और कहीं मदफ़न[6] है हमारा

जज़्ब-ए-दिल उसे खींच के लाए तो कहाँ लाए
जो ग़ैर का घर है वही मस्कन है हमारा

बुत-ख़ाने से काबे को चले रश्क के मारे
'मोमिन' ख़िज्र-ए-राह बरहमन है हमारा

---

1. वर्णित 2. आंसू बहाना 3. परिस्थिति 4. नितांत अँधेरी रात 5. आवास 6. कब्रिस्तान

# (169)

असर उस को ज़रा नहीं होता
रंज राहत-फ़ज़ा[1] नहीं होता

बेवफ़ा कहने की शिकायत है
तो भी वादा-वफ़ा नहीं होता

ज़िक्र-ए-अग़यार से हुआ मा'लूम
हर्फ़-ए-नासेह बुरा नहीं होता

किस को है ज़ौक़-ए-तल्ख़-कामी लेक
जंग बिन कुछ मज़ा नहीं होता

तुम हमारे किसी तरह न हुए
वर्ना दुनिया में क्या नहीं होता

उस ने क्या जाने क्या किया ले कर
दिल किसी काम का नहीं होता

इम्तिहाँ कीजिए मिरा जब तक
शौक़ ज़ोर-आज़मा नहीं होता

एक दुश्मन कि चर्ख़ है न रहे
तुझ से ये ऐ दुआ नहीं होता

आह तूल-ए-अमल है रोज़-फ़ुज़ूँ
गरचे इक मुद्दआ नहीं होता

तुम मिरे पास होते हो गोया
जब कोई दूसरा नहीं होता

हाल-ए-दिल यार को लिखूँ क्यूँकर
हाथ दिल से जुदा नहीं होता

रहम कर ख़स्म-ए-जान-ए-ग़ैर न हो
सब का दिल एक सा नहीं होता

दामन उस का जो है दराज़ तो हो
दस्त-ए-आशिक़ रसा नहीं होता

चारा-ए-दिल सिवाए सब्र नहीं
सो तुम्हारे सिवा नहीं होता

क्यूँ सुने अर्ज़-ए-मुज़्तरिब 'मोमिन'
सनम आख़िर ख़ुदा नहीं होता

---

1. आरामदायक

## (170)

दफ़्न जब ख़ाक में हम सोख़्ता-सामाँ[1] होंगे
फ़िल्स माही के गुल-ए-शम-ए-शबिस्ताँ होंगे

नावक-अंदाज़ जिधर दीदा-ए-जानाँ होंगे
नीम-बिस्मिल कई होंगे कई बे-जाँ होंगे

ताब-ए-नज़्ज़ारा नहीं आइना क्या देखने दूँ
और बन जाएँगे तस्वीर जो हैराँ होंगे

तू कहाँ जाएगी कुछ अपना ठिकाना कर ले
हम तो कल ख़्वाब-ए-अदम[2] में शब-ए-हिज्राँ[3] होंगे

नासेहा दिल में तू इतना तो समझ अपने कि हम
लाख नादाँ हुए क्या तुझ से भी नादाँ होंगे

कर के ज़ख़्मी मुझे नादिम हों ये मुमकिन ही नहीं
गर वो होंगे भी तो बे-वक़्त पशेमाँ होंगे

एक हम हैं कि हुए ऐसे पशेमान[4] कि बस
एक वो हैं कि जिन्हें चाह के अरमाँ होंगे

हम निकालेंगे सुन ऐ मौज-ए-हवा बल तेरा
उस की ज़ुल्फ़ों के अगर बाल परेशाँ होंगे

सब्र या रब मिरी वहशत का पड़ेगा कि नहीं
चारा-फ़रमा[5] भी कभी क़ैदी-ए-ज़िंदाँ होंगे

मिन्नत-ए-हज़रत-ए-ईसा न उठाएँगे कभी
ज़िंदगी के लिए शर्मिंदा-ए-एहसाँ होंगे

तेरे दिल-तफ़्ता की तुर्बत[6] पे अदू झूटा है
गुल न होंगे शरर-ए-आतिश-ए-सोज़ाँ होंगे

ग़ौर से देखते हैं तौफ़ को आहु-ए-हरम
क्या कहें उस के सग-ए-कूचा के क़ुर्बाँ होंगे

दाग़-ए-दिल निकलेंगे तुर्बत से मिरी जूँ लाला
ये वो अख़गर नहीं जो ख़ाक में पिन्हाँ होंगे

चाक पर्दे से ये ग़म्ज़े हैं तो ऐ पर्दा-नशीं
एक मैं क्या कि सभी चाक-ए-गरेबाँ होंगे

फिर बहार आई वही दश्त-नवर्दी[7] होगी
फिर वही पाँव वही ख़ार-ए-मुग़ीलाँ होंगे

संग और हाथ वही वो ही सर ओ दाग़-ए-जुनून
वो ही हम होंगे वही दश्त ओ बयाबाँ होंगे

उम्र सारी तो कटी इश्क़-ए-बुताँ में 'मोमिन'
आख़िरी वक़्त में क्या ख़ाक मुसलमाँ होंगे

---

1. तबाह 2. मौत 3. विरह की रात्रि 4. लज्जित 5. चारासाज़ 6. कब्र 7. जंगल में घूमना

## (171)

महशर[1] में पास क्यूँ दम-ए-फ़रियाद आ गया
रहम उस ने कब किया था कि अब याद आ गया

उलझा है पाँव यार का ज़ुल्फ़-ए-दराज़[2] में
लो आप अपने दाम में सय्याद[3] आ गया

नाकामियों में तुम ने जो तश्बीह[4] मुझ से दी
शीरीं को दर्द-ए-तल्ख़ी-ए-फ़रहाद आ गया

हम चारागर को यूँ ही पहनाएँगे बेड़ियाँ
क़ाबू में अपने गर वो परी-ज़ाद[5] आ गया

दिल को क़लक़ है तर्क-ए-मोहब्बत के बाद भी
अब आसमाँ को शिकवा-ए-बेदाद आ गया

वो बद-गुमाँ हुआ जो कहीं शेर में मिरे
ज़िक्र-ए-बुतान-ए-ख़ल्ख़-ओ-नौशाद आ गया

थे बे-गुनाह जुरअत-ए-पा-बोस थी ज़रूर
क्या करते वहम-ए-ख़जलत-ए-जल्लाद आ गया

जो हो चुका यक़ीं कि नहीं ताक़त-ए-विसाल
दम में हमारे वो सितम-ईजाद आ गया

ज़िक्र-ए-शराब-ओ-हूर कलाम-ए-ख़ुदा में देख
'मोमिन' मैं क्या कहूँ मुझे क्या याद आ गया

---

1. कयामत का दिन 2. लम्बे बाल 3. शिकारी 4. उपमा 5. परी की नस्ल का

## (172)

दिल क़ाबिल-ए-मोहब्बत-ए-जानाँ नहीं रहा
वो वलवला[1] वो जोश वो तुग़याँ नहीं रहा

ठंडा है गर्म-जोशी-ए-अफ़्सुर्दगी से जी
कैसा असर कि नाला-ओ-अफ़्ग़ाँ नहीं रहा

करते हैं अपने ज़ख़्म-ए-जिगर को रफ़ू[2] हम आप
कुछ भी ख़याल-ए-जुम्बिश-ए-मिज़गाँ नहीं रहा

दिल-सख़्तियों से आई तबीअ'त में नाज़ुकी
सब्र-ओ-तहम्मुल-ए-क़लक़-ए-जाँ नहीं रहा

ग़श हैं कि बे-दिमाग़ हैं गुल-पैरहन नमत
अज़-बस दिमाग़-ए-इत्र-ए-गरेबाँ नहीं रहा

आँखें न बदलें शोख़-नज़र क्यूँ के अब कि मैं
मफ़्तून-ए-लुत्फ़-ए-नर्गिस-ए-फ़त्ताँ नहीं रहा

नाकामियों का गाह गिला गाह शुक्र है
शौक़-ए-विसाल ओ अन्दुह-ए-हिज्राँ नहीं रहा

बे-तूदा तूदा-ख़ाक[3] सुबुक-दोश हो गए
सर पर जुनून-ए-इश्क़ का एहसाँ नहीं रहा

हर लहज़ा मेहर-जल्वों से हैं चश्म-पोशियाँ
आईना-ज़ार[4] दीदा-ए-हैराँ नहीं रहा

फिरते हैं कैसे पर्दा-नशीनों से मुँह छुपाए

रुस्वा हुए कि अब ग़म-ए-पिन्हाँ[5] नहीं रहा

आसेब-ए-चश्म-ए-क़हर-ए-परी-तलअताँ नहीं

ऐ उन्स इक नज़र कि मैं इंसाँ नहीं रहा

बेकारी-ए-उमीद से फ़ुर्सत है रात दिन

वो कारोबार-ए-हसरत-ओ-हिरमाँ नहीं रहा

बे-सैर-ए-दश्त-ओ-बादिया लगने लगा है जी

और इस ख़राब घर में कि वीराँ नहीं रहा

क्या तल्ख़-कामियों ने लब-ए-ज़ख़्म[6] सी दिए

वो शोर-ए-इश्तियाक़-ए-नमक-दाँ नहीं रहा

बे-ए'तिबार[7] हो गए हम तर्क-ए-इश्क़ से

अज़-बस कि पास-ए-वादा-ओ-पैमाँ नहीं रहा

नींद आई है फ़साना-ए-गेसू-ओ-ज़ुल्फ़ से

वहम-ओ-गुमान-ए-ख़्वाब-ए-परेशाँ नहीं रहा

किस काम के रहे जो किसी से रहा न काम

सर है मगर ग़ुरूर का सामाँ नहीं रहा

'मोमिन' ये लाफ़-ए-उल्फ़त-ए-तक़्वा है क्यूँ मगर

दिल्ली में कोई दुश्मन-ए-ईमाँ नहीं रहा

---

1. जोश 2. फटे कपड़े की मरम्मत करना 3. मिट्टी का ढेर 4. वो मुकाम जहाँ बहुत से आईने हैं
5. प्रेम की व्यथा 6. जख़्म के किनारे 7. अधर्मी

## (173)

इम्तिहाँ के लिए जफ़ा[1] कब तक

इल्तिफ़ात-ए-सितम-नुमा कब तक

ग़ैर है बेवफ़ा प तुम तो कहो

है इरादा निबाह का कब तक

जुर्म मालूम है ज़ुलेख़ा का

तान-ए-दस्त-ए-ना-रसा कब तक

मुझ पे आशिक़ नहीं है कुछ ज़ालिम

सब्र आख़िर करे वफ़ा[2] कब तक

देखिए ख़ाक में मिलाती है

निगह-ए-चश्म-ए-सुरमा-सा कब तक

कहीं आँखें दिखा चुको मुझ को

जानिब-ए-ग़ैर देखना कब तक

न मिलाएँगे वो न आएँगे

जोश-ए-लब्बैक-ओ-मरहबा कब तक

होश में आ तू मुझ में जान नहीं

ग़फ़लत-ए-जुरअत-आज़मा कब तक

ले शब-ए-वस्ल-ए-ग़ैर भी काटी

तू मुझे आज़माएगा कब तक

तुम को ख़ू हो गई बुराई की
दरगुज़र कीजिए भला कब तक

मर चले अब तो उस सनम से मिलें
'मोमिन' अंदेशा-ए-ख़ुदा कब तक

---

1. अन्याय 2. वफादारी

## (174)

शोख़ कहता है बे-हया जाना
देखो दुश्मन ने तुम को क्या जाना

शोला-ए-दिल को नाज़-ए-ताबिश है
अपना जल्वा ज़रा दिखा जाना

शौक़ ने दूरबाश-ए-आदा को
उस की महफ़िल में महंबा[1] जाना

उस के उठते ही हम जहाँ से उठे
क्या क़यामत[2] है दिल का आ जाना

घर में ख़ुद-रफ़्तगी[3] से धूम मची
क्यूँके हो उस तलक मिरा जाना

पूछना हाल-ए-यार है मंज़ूर
मैं ने नासेह का मुद्दआ' जाना

मय न उतरी गले से जो उस बिन
मुझ को यारों ने पारसा[4] जाना

शिकवा करता है बे-नियाज़ी का
तू ने 'मोमिन' बुतों को क्या जाना

---

1. शाबाश 2. प्रलय 3. दीवानगी 4. भिखारी

## (175)

सौदा था बला-ए-जोश पर रात
बिस्तर पर बिछाए नेश्तर[1] रात

बिगड़े थे यहाँ वो आन कर रात
बे-तौर[2] बनी थी जान पर रात

हम ता-सहर आप में नहीं थे
क्या जाने रहे वो किस के घर रात

अफ़्साना[3] समझ के सो गए वो
काम आई फ़ुग़ान-ए-बे-असर रात

आईने में हो न मोम जादू
सोते नहीं अब वो ता-सहर रात

तारे आँखें झपक रहे थे
था बाम पे कौन जल्वा-गर रात

अंधेर पड़ा ज़माने में हाए
ने दिन को है मेहर ने क़मर[4] रात

इस लैल-ओ-नहार-ए-ग़म ने मारा
है रोज़ से सियाह-तर रात

क्या पूछो हो मुनकर-ओ-नकीर आह
बिगड़े जो वो तान-ए-ग़ैर पर रात

ये बात बढ़ी कि मर गए हम

मौत आई थी क़िस्सा मुख़्तसर[5] रात

इस घर में है ऐश-ए-ख़ुल्द 'मोमिन'

क्या जाने कहाँ है दिन किधर रात

---

1. वह उपकरण जिससे शारीरिक अंगों की चीर फाड़ की जाती है 2. बुरी तरह 3. किस्सा 4. चाँद 5. छोटी

## (176)

ये हासिल है तो क्या हासिल बयाँ से
कहूँ कुछ और कुछ निकले ज़ुबाँ से

बुरा है इश्क़ का अंजाम यारब
बचना फ़ितना-ए-आखिर ज़माँ से

मेरा बचना बुरा है आप ने क्यों
अयादत[1] की लब-ए-मोजज़ बयाँ से

वो आए हैं पशेमाँ[2] लाश पर अब
तुझे ए ज़िन्दगी लाऊँ कहाँ से

न बोलूँगा न बोलूँगा कि मैं हूँ
ज़्यादा बद गुमाँ उस बदगुमाँ से

न बिजली जलवा फ़रमा है न सय्याद[3]
निकल कर क्या करें हम आशयाँ से

बुरा अंजाम है आग़ाज़-ए-बद[4] का
जफ़ा की हो गई खू इमतिहाँ से

खुदा की बेनियाज़ी[5] हाय 'मोमिन'
हम ईमाँ लाए थे नाज़-ए-बुताँ[6] से

---

1. रोगी का हाल चाल लेने और ढाढस देने वाला के लिए उसके पास जाना 2. शर्मिंदा 3. शिकारी 4. आदत 5. लापरवाही 6. हसीनों के नख़रे

## (177)

हरदम रहीने-कशमकशे-दस्ते-यार है

चिलमन के तार, किसके गरेबाँ का तार है

क्या कीजिए कि ताक़ते-नज़्ज़ार[1] ही नहीं

जितने वह बेहिजाब[2] हैं, हम शर्मसार[3] हैं

उम्रे-दराज़[4] की है रक़ीबों[5] को आरज़ू[6]

देखो ज़माने-हिज्र के उम्मीदवार हैं

छाती से मैं लगाए रखूँ क्यों न रात-दिन

यह दाग़-ओ-ज़ख़्म दिल मेरे यादगार हैं

क्योंकर न रहम हाल पे आये शबे-विसाल

अंदोह-ओ-दर्द[7] रोज़ मुसीबत के यार हैं

कैसे गिनें रक़ीब के ताना-ए-अक़रबा[8]

तेरा ही जी न चाहे तो बातें हज़ार हैं

---

1. देखने की ताक़त, 2. बेशर्म, 3. शर्मिंदगी, 4. दीर्घायु, 5. शत्रु, 6. चाह, 7. दुख और पीड़ा, 8. दोस्तों के शिकवे

## (178)

मैं एहवाल-ए-दिल[1] मर गया कहते कहते

थके तुम न ''बस, बस, सुना!'' कहते कहते

मुझे चुप लगी मुद्द'आ कहते कहते,

रुके हैं वो क्या जाने क्या कहते कहते

ज़बाँ गुंग[2] है इश्क़ में गोश कर है,

बुरा सुनते-सुनते भला कहते कहते

शब-ए-हिज्र[3] में क्या हजूम-ए-बला[4] है,

ज़बाँ थक गई मरहबा[5] कहते कहते

गिला हर्ज़ा-गर्दी का बेजा न था कुछ,

वो क्यूँ मुस्कुराये बजा कहते कहते

सद[6] अफ़सोस जाती रही वस्ल की शब[7]

''ज़रा ठहर ऐ बेवफ़ा'' कहते कहते

चले तुम कहाँ मैंने तो दम लिया था

फ़साना दिल-ए-ज़ार का कहते कहते

सितम[8] हाय! गर्दूं मुफ़स्सिल[10] न पूछो

कि सर फिर गया माजरा कहते कहते

नहीं या सनम 'मोमिन' अब कुफ़्र से कुछ

कि ख़ू[11] हो गई है सदा कहते कहते

---

1. दिल की कहानी 2. गूंगी 3. जुदाई की रात 4. बला की भीड़ 5. एक बार और 6. सौ 7. मिलन की रात 8. अत्याचार 9. भाग्य 10. विवरण सहित 11. आदत

## (179)

मार ही डाल मुझे चश्म-ए-अदा से पहले
अपनी मंज़िल को पहुँच जाऊं क़ज़ा[1] से पहले

इक नज़र देख लूँ आ जाओ क़ज़ा से पहले
तुम से मिलने की तमन्ना है ख़ुदा से पहले

हश्र[2] के रोज़ मैं पूछूँगा ख़ुदा से पहले
तू ने रोका नहीं क्यूँ मुझको ख़ता से पहले

ऐ मेरी मौत ठहर उनको ज़रा आने दे
ज़हर क जाम न दे मुझको दवा से पहले

हाथ पहुँचे भी न थे ज़ुल्फ़ तक "मोमिन"
हथकड़ी डाल दी ज़ालिम ने ख़ता से पहले

---

1. मृत्यु 2. अंजाम

# (180)

दफ़्न जब ख़ाक में हम सोख़्ता-सामाँ[1] होंगे
फ़ल्स-ए-माही[2] के गुल शम्अ-ए-शबिस्ताँ होंगे

नावक अंदाज़ जिधर दीदा-ए-जानाँ होंगे
नीम-बिस्मिल कई होंगे कई बेजाँ होंगे

ताब-ए-नज़्ज़ारा नहीं आईना क्या देखने दूँ
और बन जायेंगे तस्वीर जो हैराँ होंगे

करके ज़ख़्मी मुझे नादिम[3] हों ये मुमकिन ही नहीं
गर वो होंगे भी तो बेवक़्त परेशाँ होंगे

तू कहाँ जायेगी कुछ अपना ठिकाना कर ले,
हम तो कल ख़्वाब-ए-अदम[4] में शब-ए-हिजराँ होंगे

नासिहा दिल में तू इतना तो समझ अपने के हम,
लाख नादाँ हुये क्या तुझ से भी नादाँ होंगे

एक हम हैं के हुए ऐसे पशेमान[5] के बस,
एक वो हैं के जिन्हें चाह के अरमाँ होंगे

हम निकालेंगे सुन ऐ मौजे-हवा बल तेरा
उसकी ज़ुल्फ़ों के अगर बाल परेशाँ होंगे

मन्नत-ए-हज़रत-ए-ईसा न उठायेंगे कभी
ज़िन्दगी के लिये शर्मिंदा-ए-एहसाँ होंगे

दाग़ो-दिल निकलेंगे तुर्बत पे मेरी यूँ लाला
ये वो अख़गर नहीं जो ख़ाक में पिन्हाँ होंगे

चाक-ए-पर्दा से ये ग़म्ज़े हैं तो ऐ पर्दानशीं
एक मैं क्या कि सभी चाक-गरेबाँ होंगे

फिर बहार आई वही दश्त-ए-नवर्दी होगी,
फिर वही पाओं वही ख़ार-ए-मुग़ेलाँ होंगे

संग और हाथ वही , वही सर-ओ-दाग़ो-जुनूँ
वो ही हम होंगे वही दश्त-ओ-बयाबाँ होंगे

उम्र तो सारी कटी इश्क़-ए-बुताँ में "मोमिन"
आख़िरी वक़्त में क्या ख़ाक मुसल्माँ होंगे

---

1. तहस-नहस 2. मछली के सिने 3. लज्जित 4. मौत 5. संकुचित

# (181)

आग अश्क-ए-गर्म को लगे जी क्या ही जल गया
आँसू चू उस ने पोंछे शब और हाथ फल गया

फोड़ा था दिल न था ये मुए पर ख़लल[1] गया
जब ठेस साँस की लगी दम ही निकल गया

क्या रोऊँ ख़ीरा-चश्मी-ए-बख़्त-ए-सियाह को
वाँ शग़ल-ए-सुर्मा है अभी याँ सैल ढल गया

की मुझ को हाथ मलने की ता'लीम वर्ना क्यूँ
ग़ैरों को आगे बज़्म[2] में वो इत्र मल गया

उस कूचे की हवा थी कि मेरी ही आह थी
कोई तो दिल की आग पे पंखा सा झल गया

जों ख़ुफ़्तगान-ए-ख़ाक है अपनी फ़तादगी
आया जो ज़लज़ला कभी करवट बदल गया

उस नक़्श-ए-पा के सज्दे ने क्या क्या किया ज़लील
मैं कूचा-ए-रक़ीब[3] में भी सर के बल गया

कुछ जी गिरा पड़े था पर अब तू ने नाज़ से
मुझ को गिरा दिया तो मिरा जी सँभल गया

मिल जाए गर ये ख़ाक में उस ने वहाँ की ख़ाक
गुल की थी क्यूँ कि पाँव वो नाज़ुक फिसल गया

बुत-ख़ाने से न का'बे को तकलीफ़ दे मुझे
'मोमिन' बस अब मुआ'फ़ कि याँ जी बहल गया

---

1. बाधा 2. सभा 3. दुश्मन की गली

# (182)

हम समझते हैं आज़माने को
उम्र कुछ चाहिए सताने को

संग-ए-दर[1] से तिरे निकाली आग
हम ने दुश्मन का घर जलाने को

सुब्ह-ए-इशरत है वो न शाम-ए-विसाल
हाए क्या हो गया ज़माने को

बुल-हवस रोए मेरे गिर्ये पे अब
मुँह कहाँ तेरे मुस्कुराने को

बर्क़ का आसमान पर है दिमाग़
फूँक कर मेरे आशियाने को

संग-ए-सौदा[2] जुनूँ में लेते हैं
अपना हम मक़बरा बनाने को

शिकवा है ग़ैर की कुदूरत[3] का
सो मिरे ख़ाक में मिलाने को

रोज़-ए-महशर[4] भी होश गर आया
जाएँगे हम शराब-ख़ाने को

सुन के वस्फ़[5] उस पे मर गया हमदम
ख़ूब आया था ग़म उठाने को

कोई दिन हम जहाँ में बैठे हैं
आसमाँ के सितम उठाने को

चल के काबे में सज्दा कर 'मोमिन'
छोड़ उस बुत के आस्ताने को

नक़्श-ए-पा-ए-रक़ीब की मेहराब
नहीं ज़ेबिंदा सर झुकाने को

---

1. चोखट का पत्थर 2. पागलपन 3. कपट 4. प्रलय का दिन 5. स्तुति

# (183)

इस वुसअत-ए-कलाम से जी तंग आ गया
नासेह[1] तू मेरी जान न ले दिल गया गया

ज़िद से वो फिर रक़ीब[2] के घर में चला गया
ऐ रश्क मेरी जान गई तेरा क्या गया

ये ज़ोफ़ है तो दम से भी कब तक चला गया
ख़ुद-रफ़्तगी के सदमे से मुझ को ग़श आ गया

क्या पूछता है तल्ख़ी-ए-उल्फ़त में पंद[3] को
ऐसी तो लज़्ज़तें हैं कि तू जान खा गया

कुछ आँख बंद होते ही आँखें सी खुल गईं
जी इक बला-ए-जान था अच्छा हुआ गया

आँखें जो ढूंढती थीं निगह-हा-ए-इल्तिफ़ात
गुम होना दिल का वो मिरी नज़रों से पा गया

बू-ए-समन से शाद थे अग़्यार-ए-बे-तमीज़
उस गुल को ए'तिबार-ए-नसीम-ओ-सबा गया

आह-ए-सहर हमारी फ़लक से फिरी न हो
कैसी हवा चली ये कि जी सनसना गया

आती नहीं बला-ए-शब-ए-ग़म निगाह में
किस मेहर-वश[4] का जल्वा नज़र में समा गया

ऐ जज़्ब-ए-दिल[5] न थम कि न ठहरा वो शोला-रू
आया तो गर्म गर्म व-लेकिन जला गया

मुझ ख़ानुमाँ-ख़राब[6] का लिक्खा कि जान कर
वो नामा ग़ैर का मिरे घर में गिरा गया

मेहंदी मलेगा पाँव से दुश्मन तो आन कर
क्यूँ मेरे तफ़्ता सीने को ठोकर लगा गया

बोसा सनम की आँख का लेते ही जान दी
'मोमिन' को याद क्या हज्रुल-अस्वद आ गया

---

1. प्रवचन देने वाला 2. संरक्षक 3. परामर्श 4. महबूब 5. दिल का अवशोषण 6. तबाह

# (184)

थी वस्ल में भी फ़िक्र-ए-जुदाई तमाम शब
वो आए तो भी नींद न आई तमाम शब

वाँ ता'ना तीर-ए-यार यहाँ शिकवा ज़ख़्म-रेज़[1]
बाहम थी किस मज़े की लड़ाई तमाम शब

रंगीं हैं ख़ून-ए-सर से वो हाथ आज-कल रहे
जिस हाथ में वो दस्त-ए-हिनाई[2] तमाम शब

तालू से याँ ज़बान सहर तक नहीं लगी
था किस को शुग़ल-ए-नग़मा-ए-सराई तमाम शब

यक बार देखते ही मुझे ग़श[3] जो आ गया
भूले थे वो भी होश-रुबाई तमाम शब

मर जाते क्यूँ न सुब्ह के होते ही हिज्र[4] में
तकलीफ़ कैसी कैसी उठाई तमाम शब

गर्म-ए-जवाब-ए-शिकवा-ए-जौर-ए-अदू रहा
उस शोला-ख़ू ने जान जलाई तमाम शब

कहता है मेहर-वश तुम्हें क्यूँ ग़ैर गर नहीं
दिन भर हमेशा वस्ल जुदाई तमाम शब

धर पाँव आस्ताँ पे कि इस आरज़ू में आह
की है किसी ने नासिया-साई[5] तमाम शब

'मोमिन' मैं अपने नालों के सदक्रे[6] कि कहते हैं
उन को भी आज नींद न आई तमाम शब

---

1. घाव डालने वाला 2. मेहँदी लगे हाथ 3. चक्कर आना 4. जुदाई 5. सजदा करना 6.
बरकत

# (185)

ग़ैरों पे खुल न जाए कहीं राज़ देखना
मेरी तरफ़ भी ग़म्ज़ा-ए-ग़म्माज़ देखना

उड़ते ही रंग-ए-रुख़ मिरा नज़रों से था निहाँ
इस मुर्ग़-ए-पर-शिकस्ता की परवाज़ देखना

दुश्नाम-ए-यार तब-ए-हज़ीं पर गिराँ नहीं
ऐ हम-नफ़स नज़ाकत-ए-आवाज़ देखना

देख अपना हाल-ए-ज़ार[1] मुनज्जिम[2] हुआ रक़ीब
था साज़गार ताला-ए-ना-साज़ देखना

बद-काम का मआल बुरा है जज़ा के दिन
हाल-ए-सिपहर-ए-तफ़रक़ा-अंदाज़ देखना

मत रखियो गर्द-ए-तारिक-ए-उश्शाक़ पर क़दम
पामाल[3] हो न जाए सर-अफ़राज़ देखना

मेरी निगाह-ए-ख़ीरा[4] दिखाते हैं ग़ैर को
बे-ताक़ती पे सरज़निश-ए-नाज़ देखना

तर्क-ए-सनम भी कम नहीं सोज़-ए-जहीम से
'मोमिन' ग़म-ए-मआल का आग़ाज़ देखना

---

1. रोने की हालत 2. ज्योतिषी 3. पाँव से कुचला हुआ 4. चुंधियाई हुई नजर